Lazer, vida de qualidade e direitos sociais

EDITORA
intersaberes

Organizadores:

Junior Vagner Pereira da Silva
Dirceu Santos Silva

Lazer, vida de qualidade e direitos sociais

EDITORA intersaberes

Rua Clara Vendramin, 58 · Mossunguê
CEP 81200-170 · Curitiba · PR · Brasil
Fone: (41) 2106-4170
www.intersaberes.com
editora@editoraintersaberes.com.br

Conselho editorial	Dr. Ivo José Both (presidente)
	Drª Elena Godoy
	Dr. Neri dos Santos
	Dr. Ulf Gregor Baranow
Editora-chefe	Lindsay Azambuja
Gerente editorial	Ariadne Nunes Wenger
Preparação de originais	Ghazal Edições e Revisões
Edição de texto	Camila Rosa
Capa	Luana Machado Amaro (*design*)
	Werayuth Tes/Shutterstock (imagem)
Projeto gráfico	Sílvio Gabriel Spannenberg (*design*)
	Franzi/Shutterstock (imagens)
Diagramação	Fabio Vinicius da Silva
Designer responsável	Charles L. da Silva
Iconografia	Sandra Lopis da Silveira
	Regina Claudia Cruz Prestes

Dados Internacionais de Catalogação na Publicação (CIP)
(Câmara Brasileira do Livro, SP, Brasil)

Lazer, vida de qualidade e direitos sociais/Junior Vagner Pereira da Silva, Dirceu Santos Silva (Org.). Curitiba: InterSaberes, 2020.

Vários autores.

Bibliografia.
ISBN 978-65-5517-674-2

1. Animação cultural 2. Atividade física 3. Direitos sociais 4. Educação 5. Esporte 6. Lazer 7. Lazer – Aspectos sociais 8. Promoção da saúde I. Silva, Junior Vagner Pereira da. II. Silva, Dirceu Santos.

20-36988 CDD-613

Índices para catálogo sistemático:
1. Vida de qualidade: Promoção da saúde 613

Cibele Maria Dias – Bibliotecária – CRB-8/9427

Foi feito o depósito legal.

1ª edição, 2020.

Informamos que é de inteira responsabilidade dos autores a emissão de conceitos.
Nenhuma parte desta publicação poderá ser reproduzida por qualquer meio ou forma sem a prévia autorização da Editora InterSaberes.
A violação dos direitos autorais é crime estabelecido na Lei n. 9.610/1998 e punido pelo art. 184 do Código Penal.

Sumário

Apresentação • 9

1 Do conformismo do lazer à radicalidade do ócio: esperançando o bem viver • 17
Luiz Gonçalves Junior
Fábio Ricardo Mizuno Lemos
Conrado Marques da Silva de Checchi

1.1 Confrontando conceitos • 18
1.2 Capitalismo globalizado, transnacionais e problemas que impactam a vida no planeta Terra • 19
1.3 Esperançando outro mundo possível: o conceito de bem viver • 26

2 Lazer e vida de qualidade após os 60 anos de idade • 37
Priscila Mari dos Santos Correia
Íris Letícia da Silva
Alcyane Marinho

2.1 Sociedade contemporânea e o lazer • 37
2.2 O direito ao lazer para idosos • 39
2.3 Lazer após os 60 anos de idade: possibilidades • 40
2.4 Trilhando caminhos pouco explorados a partir da aventura: relato de experiências desenvolvidas com idosos • 43

3 Lazer/ócio e educação em processos de participação, envolvimento e aprendizagem cotidiana • 63
José Alfredo Oliveira Debortoli

3.1 Conceitos • 63
3.2 Lazer/ócio: linguagem e corporalidade humana • 66
3.3 Experiência e aprendizagem • 68
3.4 Entrelaçando processos identitários, tempo e território: habitar o mundo • 70

4 **Lazer e promoção da saúde: conexões com um estilo de vida saudável** • 79
Joel Saraiva Ferreira
Ricardo Ricci Uvinha

4.1 Atividade física e promoção da saúde • 80
4.2 Lazer, atividade física e estilo de vida saudável • 86

5 **Lazer e esporte: apontamentos sobre as produções culturais no/do futebol** • 93
Mauro Myskiw
Silvio Ricardo da Silva

5.1 Momento de lazer • 94
5.2 Produções no "futebol invisível" • 97
5.3 O Grupo de Estudos sobre Futebol e Torcidas (Gefut) e as produções do "futebol visível, mas nem tanto" • 103

6 **Lazer e interesses culturais: continuidade ao debate no campo** • 113
Carlos Nazareno Ferreira Borges
Giselle Helena Tavares

6.1 Interesse cultural: uma perspectiva antropológica • 116
6.2 Tempo e espaço • 119
6.3 Atitude e interesses culturais: uma abordagem filosófica • 130

7 **Teorias do lazer: entraves e perspectivas** • 139
Gisele Maria Schwartz
Giuliano Gomes de Assis

7.1 Como reconhecer uma teoria do lazer? • 140
7.2 Chega(re)mos a uma teoria do lazer? • 142
7.3 Das contribuições da sociologia do lazer • 146
7.4 Estudar o lazer como cultura • 150

7.5 Psicologia do lazer e o enfoque no bem-estar e na satisfação • 152
7.6 Estudos do lazer no tempo presente • 154

8 Tempo para o jogo na educação escolar, seus limites e possibilidades • 159
Elaine Prodócimo
Roselene Crepaldi

8.1 O jogo como um elemento do universo lúdico • 160
8.2 Jogo e educação: potencial no aprendizado e desenvolvimento • 163
8.3 Limites e possibilidades • 172

9 Lazer, inclusão e diversidade • 181
Tânia Mara Vieira Sampaio

9.1 Perspectivas antropológicas para pensar o lazer, a inclusão e a diversidade • 183
9.2 A corporeidade em lazer e sua percepção de inclusão na diversidade • 190
9.3 Diálogo entre sujeitos e saberes distintos • 193

PARA CONCLUIR... • 205
REFERÊNCIAS • 207
SOBRE OS AUTORES • 231

Apresentação

A discussão acerca do lazer e da vida de qualidade tem ganhado cada vez mais destaque no campo acadêmico-científico da área de educação física.

Como podemos definir *lazer*? E de que forma ele está relacionado à vida de qualidade? Antes de adentrarmos mais profundamente nessas questões, vale mencionar que, no senso comum, o conceito de *vida de qualidade* está relacionado ao acesso e à manutenção da saúde, à ausência de problemas ou doenças (tanto físicas quanto psicológicas), entre outros fatores. Optamos por usar o termo *vida de qualidade* em vez de *qualidade de vida* por considerarmos que aquele promove uma reflexão entre a **vida** e a **qualidade**, considerando o indivíduo em sua totalidade, isto é, em seus aspectos biológicos, psicológicos, sociais, econômicos etc.

O *lazer*, por sua vez, pode ser definido como o conjunto do comportamento humano utilizado como meio para desenvolver a vida pessoal e coletiva. Em uma perspectiva mais complexa, Bellefleur (2002) define o *lazer* como poliforme e polivalente, que pode ser compreendido como o espaço e o tempo que o indivíduo tem livres, o que envolve intencionalidades combinadas ou paralelas, opostas e contraditórias. Podem ser consideradas como atividades de lazer aquelas nas quais as pessoas têm tempo disponível para fazer atividades físicas/esportivas, turísticas, artísticas, sociais, manuais e intelectuais não relacionadas ao trabalho.

No Brasil, o lazer foi contemplado como direito social a partir do art. 6° da Constituição Federal de 1988 (Brasil, 1988), embora sua garantia como direito seja algo ainda longe da realidade de grande parte dos brasileiros, uma vez que o país não dispõe de um sistema nacional de esporte e lazer que garanta o acesso desse direito à toda população (Silva; Borges; Amaral, 2015).

Vale mencionar que a ideia da criação de um sistema desse, embora não concretizada, foi temática central da I Conferência Nacional do Esporte, realizada em 2004, e também da II Conferência Nacional do Esporte, realizada em 2006. De acordo com os textos das duas conferências (Brasil, 2004, 2006), os elementos constitutivos de um sistema nacional de esporte e lazer envolveriam:

- a criação de uma política nacional e um plano nacional de esporte e lazer;
- a realização de fóruns e da Conferência Nacional de Esporte e Lazer de forma sistematizada;
- a participação da sociedade civil por meio do Conselho Nacional de Esporte e Lazer;
- a criação de um fundo ou financiamento nacional predeterminado no orçamento geral da União;
- a construção e a manutenção de equipamentos esportivos e de lazer;
- a implementação de uma política nacional de formação e avaliação.

Podemos perceber, por meio desses itens, que existe a exigência de todo um aparato social com a finalidade de que a população possa exercer a cidadania de forma relacionada à vida de qualidade. Esta, por sua vez, corresponde às experiências das pessoas nas condições históricas, políticas, ambientais, econômicas, geográficas e culturais, e reúne aspectos objetivos (bens materiais e serviços) e aspectos subjetivos (bem-estar, satisfação pessoal e coletiva, desenvolvimento da identidade individual e coletiva).

Conforme mencionamos anteriormente, é preciso fazer uma distinção de termos. De acordo com Brandão (2005), a vida de qualidade se opõe à qualidade de vida preconizada como

> economia global e de mercado, atrelada à sociedade de consumo. A qualidade de vida é associada à saúde biológica e à compra de serviços no mercado, principalmente quando relacionada à realização de exercícios físicos.
>
> A *vida de qualidade*, por sua vez, pressupõe uma ação politizada, educativa e libertadora, que assume um enfrentamento dos valores da sociedade de consumo, com ênfase em uma ação transformadora da sociedade, que pressupõe humanização e emancipação. O mundo do lazer não pode ser reduzido aos padrões de compra e venda. Dessa forma, os direitos sociais como o lazer, a educação, a saúde, a previdência social, a moradia e a segurança não podem ser transformados em mercadorias (Brandão, 2005).

A vida de qualidade envolve a oferta de serviços públicos de lazer, o acesso aos espaços e equipamentos adequados, à qualidade e à organização da infraestrutura do lazer, à segurança pública, à animação cultural e aos programas diversificados e com atendimento para todos. Podemos entender, então, que o exercício de cidadania promovido pelos benefícios dos lazeres oferecidos de forma pública geraria uma vida de qualidade à população, e isso reforçaria o potencial de criatividade e o sentimento de pertencimento local.

No entanto, no Brasil, a busca por uma vida de qualidade é dificultada pelo modelo de Estado. Em 2017, houve um corte de 87% no Ministério do Esporte, instituição responsável por expandir e garantir o acesso do esporte e do lazer como direitos para o cidadão brasileiro. O corte de financiamento impactou e impactará não só no acesso, mas também na vida de qualidade da população, de modo geral.

Devemos chamar atenção para o conjunto de direitos sociais violados no Brasil, sobretudo aqueles relacionados diretamente ao tempo disponível, ao lazer e ao trabalho, pois em 2017 o lazer foi impactado com os cortes no orçamento do Ministério do Esporte e em 2019 deixou de existir com o *status* ministerial, passando a figurar como secretaria do Ministério da Cidadania. Além disso, em 2018, com a reforma trabalhista, mudanças como a livre negociação entre empregadores e empregados e o contrato de trabalho intermitente, entre outras alterações, apontam nítidos retrocessos nos direitos trabalhistas do país, impactando diretamente no tempo de lazer e, consequentemente, na vida de qualidade da população.

Levando em conta todos esses aspectos, discutiremos, nesta obra, o lazer e a vida de qualidade a partir de diferentes pontos teóricos e metodológicos nos mais diversos temas. Para isso, optamos por fazer uma organização em nove capítulos, com a participação de pesquisadores das cinco regiões do país.

No **Capítulo 1**, os autores Luiz Gonçalves Junior, Fábio Ricardo Mizuno Lemos e Conrado Marques da Silva de Checchi analisam a qualidade de vida como algo relacionado ao mercado e ao consumo, enquanto a vida de qualidade consiste em viver e conviver de forma solidária. Os autores refletem, ainda, sobre a sociedade do consumo, a preservação do meio ambiente, o acesso ao lazer de forma pública e a corresponsabilidade no que diz respeito à vida em comunidade.

No **Capítulo 2**, as autoras Priscila Mari dos Santos Correia, Íris Letícia da Silva e Alcyane Marinho discutem e, com base em dados empíricos, relatam a inserção de idosos em atividades de aventuras, como as trilhas. O direito social ao lazer é abordado como um caminho para vida com mais qualidade e os cortes de recursos nos setores sociais são pontuados como fatores dificultadores desse acesso.

No **Capítulo 3**, José Alfredo Oliveira Debortoli aborda a educação, o lazer e a animação cultural, com ênfase nos processos de aprendizagem, fazendo um diálogo com grupos sociais e seus modos de habitar o mundo.

No **Capítulo 4**, Joel Saraiva Ferreira e Ricardo Ricci Uvinha discutem o lazer e a promoção da saúde com ênfase no estilo de vida saudável. Os autores mostram como a prática de atividade física de lazer é fundamental para a promoção da saúde das pessoas, sobretudo quando compreendemos a vida de qualidade como elemento fundamental no exercício da cidadania.

Para pontuar o meio do caminho desta obra, no **Capítulo 5**, Mauro Myskiw e Silvio Ricardo da Silva discutem as relações entre lazer e esporte, com atenção especial às práticas do futebol espetacularizado e do não espetacuarizado, em diferentes contextos (nos campos/quadras, nos bares e nos estádios). Os autores analisam como, nos campos e quadras de futebol, estádios e bares, o lazer é considerado sério para os praticantes, com regras e horários estabelecidos entre os participantes.

No **Capítulo 6**, Carlos Nazareno Ferreira Borges e Giselle Helena Tavares abordam o lazer a partir de uma perspectiva antropológica e filosófica, especificamente pós-moderna. Para os autores, o interesse cultural, o tempo, o espaço e a atitude são elementos determinantes para se compreender as transformações no mundo do lazer.

No **Capítulo 7**, Gisele Maria Schwartz e Giuliano Gomes de Assis Pimentel dissertam sobre a diferença entre a proposição de uma teoria para o lazer e sua efetividade, chamando a atenção para as contribuições da sociologia do lazer, psicologia do lazer e da modernidade na compressão do fenômeno pesquisado.

Depois, no **Capítulo 8**, Elaine Prodócimo e Roselene Crepaldi abordam o jogo como elemento lúdico no contexto escolar, destacando a importância deste e seu potencial no aprendizado e desenvolvimento da criança na educação escolar.

Por fim, no **Capítulo 9**, Tânia Mara Vieira Sampaio discute a inclusão e a diversidade na experiência do lazer. Para a autora, sem justiça, equidade e igualdade de acesso aos direitos sociais não há inclusão e respeito à diversidade.

Para finalizar esta apresentação, gostaríamos de ressaltar que os textos que compõem esta obra foram escolhidos porque ampliam a reflexão a respeito do lazer como área multi e interdisciplinar, bem como potencializam as discussões acerca do lazer e sua importância na constituição de vidas com qualidade. Questões essas que são oportunas, sobretudo considerando-se o momento político, histórico e econômico que o país vive contemporaneamente.

Do conformismo do lazer à radicalidade do ócio: esperançando o bem viver

Luiz Gonçalves Junior
Fábio Ricardo Mizuno Lemos
Conrado Marques da Silva de Checchi

Anda, quero te dizer nenhum segredo
Falo desse chão da nossa casa
Vem que tá na hora de arrumar [...]

Terra, [...] És o mais bonito dos planetas
Tão te maltratando por dinheiro
Tu que és a nave nossa irmã

Vamos precisar de todo mundo
Um mais um é sempre mais que dois
Pra melhor juntar as nossas forças
É só repartir melhor o pão
Recriar o paraíso agora
Para merecer quem vem depois
(Guedes, 1981)

Conforme foi mencionado na apresentação desta obra, existe uma diferença conceitual ampla entre os termos *qualidade de vida* e *vida de qualidade*. Teóricos como Brandão (2005) colocam o primeiro termo como relacionado ao mercado e ao consumo, ao passo que o segundo termo faz relação com uma vida vivida de forma solidária. Neste capítulo, refletiremos sobre essa diferença conceitual, fazendo relação com a sociedade do consumo. Além disso, abordaremos questões como a preservação do meio ambiente, o acesso ao lazer de forma pública e a corresponsabilidade no que diz respeito à vida em comunidade.

Posteriormente, nosso foco se dará no estudo do conceito de *bem viver*, advindo os povos latinos e subjugado em detrimento do mito do desenvolvimento.

1.1 Confrontando conceitos

Ao fazer uma reflexão sobre o uso da expressão *qualidade de vida*, Brandão (2005) faz relação entre o termo e a atual economia de mercado que, para o autor, impõe às pessoas não apenas o consumismo de bens duráveis e não duráveis, mas também o consumismo de direitos sociais previstos constitucionalmente, como saúde, educação, esporte e lazer (Brasil, 1988).

À medida que a sociedade de consumo se amplia, acontece também um aumento do "consumo de direitos" como produtos de compra e venda. Exemplo dessa transposição é o frequente aumento dos usuários de planos de saúde, de escolas privadas, bem como de pessoas que aderem a planos de fidelidade de clubes esportivos/academias de ginástica ou de pacotes de turismo. Ou seja, os direitos sociais são, muitas vezes, transformados em mercadorias, vendidos de modo conjunto, enveredados pelo nome *qualidade de vida*. Assim, não raro, vemos propagandas de venda de casas/apartamentos em condomínios fechados, destacando que, ao comprar determinado imóvel, o consumidor terá acesso à piscina, a salão de ginástica, a quadras esportivas, bem como a áreas de recreação como churrasqueiras; essas mesmas propagandas destacam frequentemente a proximidade dos imóveis, por exemplo, a parques, a praças, e a escolas, com frequente relação entre esses itens e a qualidade de vida.

> Quase toda a propaganda do mundo do mercado de bens e de serviços insiste em nos sugerir grandes voos "de mentira", ao mesmo tempo em que nos puxa sempre para baixo, incentivando o desejo de qualificarmos a vida pela conquista do que pode ser comprado, em vez da ousadia de criarmos por conta própria o que deve ser vivido. (Brandão, 2005, p. 38)

Brandão (2005) propõe a seguinte reflexão acerca do termo *qualidade de vida*: nele, a vida aparece em segundo plano, subjugada a serviços, à crescente estocagem de bens e a algo que se ganha, se possui ou se acumula. Por isso, o autor propõe o uso de *vida de qualidade*, em que a vida "antecede a preposição, e com todo o peso de um substantivo essencial e insubstituível, exige do seu qualificador que ele se defina" (Brandão, 2005, p. 34), ou seja, essa qualidade reside nas interações comunitárias de viver e conviver de modo solidário; o que importa são os verbos *ser* e *criar* com outrem, em lugar de *ter* e *conquistar* de outrem.

1.2 Capitalismo globalizado, transnacionais* e problemas que impactam a vida no planeta Terra

A sociedade de consumo, da maneira como é estabelecida pelo capitalismo globalizado, ocasiona diversos problemas que impactam o planeta Terra, como o exemplo das emissões de dióxido

---

* O termo *transnacional* diz respeito "às grandes empresas originárias dos países desenvolvidos com atuação em escala global" (Gonçalves, 2002, p. 390).

de carbono (CO_2), ocasionadas pelo uso de combustíveis fósseis, como o petróleo, por países considerados desenvolvidos e em desenvolvimento.

TABELA 1.1 – EMISSÕES DE CO_2 EM 2018

Países		% mundial
1	China	38,0
2	Estados Unidos	20,0
3	União Europeia	13,0
4	Índia	10,0
5	Rússia	6,4
6	Japão	4,4
7	Indonésia	2,3
8	Canadá	2,1
9	México	1,8
10	Brasil	1,7

FONTE: ELABORADO COM BASE EM CLIMATE WATCH, 2018.

Vale salientar que, embora o CO_2 seja um dos gases que compõem a atmosfera, o aumento de sua concentração no ambiente favorece a ocorrência do efeito estufa, um aquecimento gerador de mudanças climáticas globais que se agravou com a expansão da industrialização, amparada pelo paradigma do desenvolvimento da modernidade ocidental (Pinguelli-Rosa, 2005).

Somado a isso, o aceleramento da urbanização e da explosão demográfica, a marginalização social, a contaminação dos alimentos, o aumento do consumo e a consequente geração de resíduos são fatores que vêm preocupando os ambientalistas há muito tempo.

Em 1992, por exemplo, na Conferência Mundial sobre Meio Ambiente (ECO-92), foi elaborado o documento intitulado *Agenda 21* que, entre outras questões, aborda o princípio dos "3 Rs", que representam três atitudes que devem ser seguidas para o que

foi considerado, na época, essencial para permanência da vida humana na Terra (UN, 1992):
1. **Reduzir**: devemos reduzir o consumo cotidiano de produtos e serviços, reutilizar o máximo possível antes de descartar e reciclar para transformar em novo produto.
2. **Reutilizar**: reutilizar o máximo possível antes de descartar.
3. **Reciclar**: reciclar, para transformar em novo produto.

Nessa abordagem crítica sobre o consumo, é enfatizado o primeiro "R", o qual pauta a redução do consumo, porém o discurso das transnacionais logo se apropriou da ideia dos "3 Rs", distorcendo-o, observando quando muito o reciclar.

Focam esse último dos "3 Rs", pois, com isso, fingem absorver o princípio, quando apenas mudam o discurso para atenuar a crítica social. Assim, por exemplo, empresas de refrigerantes afirmam ter programas de reciclagens (terceiro "R") de garrafas de PET (Politereftalato de Etila), transformando-as em outros produtos, como camisetas. Porém, essas empresas não vão ao cerne do problema, que seria a redução (primeiro "R") do consumo de refrigerantes – o que implicaria inclusive na melhoria da saúde individual das pessoas –, e nem mesmo estimulam a reutilização (segundo "R"), por meio do uso exclusivo de garrafas retornáveis. Ou seja, prosseguem estimulando o consumismo, afinal só se pode reciclar depois de se consumir.

1.2.1 Automóvel como sonho de consumo que vira pesadelo

O automóvel, um dos mais estimulados objetos de desejo da modernidade, focado pela poderosa mídia propagandista das transnacionais de modo atraente, sedutor e símbolo de status, tem, atrelado a si, uma enorme cadeia de produtos e serviços associados, que vão desde acessórios (rodas de liga leve, bancos de couro etc.) até a completa reordenação das cidades, que precisaram, ao longo do tempo se reestruturar para a grande demanda de circulação automobilística.

Essa nova demanda passou a consumir, sobretudo nas áreas urbanas, espaços para conformação de ruas, avenidas, estradas, estacionamentos públicos, privados e residenciais; jardins, canteiros e hortas passaram a ser substituídos por garagens e outros espaços propícios para a nova demanda.

O automóvel é apenas um exemplo de como a cadeia de bens de consumo colabora com a destruição do planeta, afinal, como sabemos, crescimento infinito não conjuga com planeta finito.

1.2.2 Mito do desenvolvimento

Tanto os países chamados desenvolvidos quanto os em desenvolvimento têm utilizado a lógica capitalista, que pode ser traduzida pelo "mito do desenvolvimento", ou seja, a lógica do progresso como natural e linear que, se utilizando da ciência moderna e eurocêntrica, justifica o projeto de mundo colonialista, desqualificando outras formas de conhecimento (populares, tradicionais, africanas e indígenas, por exemplo) e, consequentemente, desqualificando as críticas ou avaliações que questionam a necessidade do crescimento econômico constante como única forma para uma vida melhor.

Institui-se assim o que Santos (2005) denomina *razão indolente*. Trata-se da autoafirmação de que a ciência moderna é a única razão possível de produzir conhecimento, desvalorizando os conhecimentos populares e dos povos originários, e a certeza de que o futuro se traduz pelo desenvolvimento linear, tentando envolver a todos na fé de seu poder emancipador.

Essa razão indolente criada pelas elites mundiais é reproduzida infinitamente pelos diversos meios de comunicação, seduzindo-nos ao moderno, ao superior, aos produtos de primeiro mundo, ao mesmo tempo em que insistentemente desconsidera outras práticas que produzem conhecimentos, epistemologias, buscando subtrair o sonho, a esperança de que modos alternativos de existir e conhecer não hegemônicos podem ser melhores sucedidos do que os pautados no desenvolvimento capitalista*.

> Por um lado, os países empobrecidos e estruturalmente excluídos deveriam buscar opções de vida digna e sustentável, que não representem a reedição caricaturizada do estilo de vida ocidental. Por outro, os países 'desenvolvidos' terão de resolver os crescentes problemas de iniquidade internacional que eles mesmos provocaram e, em especial, terão de incorporar critérios de suficiência em suas sociedades antes de tentar sustentar, às custas do resto da Humanidade, a lógica da eficiência compreendida como a acumulação material permanente. (Acosta, 2016, p. 118)

Acosta (2016) ressalta que, desde meados do século XX, o fantasma do "desenvolvimento" ronda o mundo, se institucionalizando em 20 de janeiro de 1949, data em que Harry Truman, então presidente dos Estados Unidos da América (EUA), proferiu em seu discurso no congresso, quando da posse em seu segundo mandato, que:

> Devemos embarcar em um novo programa que disponibilize os benefícios de nossos avanços científicos e nosso progresso industrial para melhoria e o crescimento das regiões subdesenvolvidas [...] Nosso propósito teria de ser o de ajudar os povos livres do mundo para que, através de seu próprio esforço, produzam mais alimentos, mais vestimentas, mais materiais para suas casas e mais potência mecânica para aliviar suas cargas [...] Com a cooperação das empresas, do capital privado, da agricultura e da mão de obra deste país, este programa pode aumentar a atividade

---

* Para Santos (2005, p. 42) a razão indolente pretende desmobilizar o lutar por outras formas de ser e conhecer o mundo, pois ideologicamente difunde o fatalismo de que "se o futuro é necessário e o que tiver que acontecer acontece independente do que fizermos, é preferível não fazer nada, não cuidar de nada e gozar apenas o prazer do momento".

industrial em outras nações e melhorar substancialmente seus padrões de vida. (Truman, citado por Acosta, 2016, p. 44)

Em outras palavras, Acosta (2016) destaca que Truman afirmou que os EUA e outras nações industrializadas estavam no topo da escala evolutiva, anunciando que as demais nações deveriam percorrer a mesma trilha e firmar, assim, novas bases conceituais para a manutenção do imperialismo, agora sob o mito do "desenvolvimento".

> Por isso, aceitamos a devastação ambiental e social em troca de alcançar o "desenvolvimento". Pelo desenvolvimento, para citar um exemplo, aceita-se a grave destruição humana e ecológica provocada pela megamineração, mesmo sabendo que ela aprofunda a modalidade de acumulação extrativista herdada da colonização – e que é uma das causas diretas do subdesenvolvimento. Negamos inclusive nossas raízes históricas e culturais para modernizar-nos imitando os países adiantados. Assim, negamos as possibilidades de uma modernização própria. O âmbito econômico, visto a partir da lógica da acumulação do capital domina o cenário. A ciência e tecnologia importadas normatizam a organização das sociedades. Neste caminho – de mercantilização implacável – aceitamos que tudo se compra, tudo se vende. Para que o pobre saia de sua pobreza, o rico estabeleceu que, para ser como ele, o pobre deve agora pagar para imitá-lo: comprar até seu conhecimento, marginalizando suas próprias sabedorias e práticas ancestrais.
> (Acosta, 2016, p. 51-52)

Para Dussel (2012), inspirado no texto *Grundrisse**, de Karl Marx, o capital central-desenvolvido representado, por exemplo, por Europa e Estados Unidos impõe dificuldades de desenvolvimento ao capital periférico-subdesenvolvido de países como os localizados

---

* Trata-se de obra publicada postumamente, a qual ficou conhecida como "*Esboços da crítica da economia política*", ou pelo título original em alemão *Grundrisse*, com sentido de fundamentos, elementos ou base (da economia) (Marx, 2011).

na África e na América Latina. Esses países possuem menos dinheiro e, logo, menor capacidade de investimento, de acumulação, de comercialização, de produção de máquinas e tecnologias, de formação e qualificação profissional, além do mercado interno débil devido aos baixos salários e até trabalho análogo ao escravo. Nações estas da periferia que não detêm os meios de produção, mas compram a preços exorbitantes as maquinarias e as tecnologias, por vezes pagando o que se denomina *royalties*. Mais uma vez, desmerecendo seus conhecimentos, suas soluções, suas epistemologias.

Com a robotização das indústrias dos países de capital central-desenvolvido, ocorre a baixa de custos da produção, transferindo-se para os países de capital periférico-subdesenvolvido o aumento do que Dussel (2012) denomina "ganância extraordinária", obtida pelos empresários locais pelo incremento do terror das demissões, da redução de salários, dos direitos sociais trabalhistas, alegando necessidade de deixar os produtos com preços internacionalmente competitivos para manter as vendas, processo este que conserva a periferia em crise permanente e exploração crescente.

Leff (2001) afirma que essa perspectiva desenvolvimentista, provocada por um processo de globalização econômica sob o signo único do mercado capitalista, se traduz em uma ampla padronização dos olhares sobre a realidade que tende a levar ao esquecimento de conhecimentos, sensibilidades, gostos e aspirações de diferentes pessoas, comunidades e povos.

> Sob a égide do mito do desenvolvimento, graves problemas ambientais e sociais que assolam a humanidade não são vistos como resultados de nosso atual modo de vida, pois insiste-se na mentira de que a qualquer momento a ciência moderna e a tecnologia nos apresentarão as soluções necessárias para corrigirmos o que há de errado. Assim, enquanto aguardamos,

> podemos perseguir o desenvolvimento, mantendo o estilo de vida consumista para sustentar a economia "aquecida". Infelizmente degradando o planeta e a possibilidade de continuidade da vida humana na Terra.

Ou seja, o modelo de desenvolvimento econômico proposto pelo capital central-desenvolvido é um engodo ideológico que nós, da periferia (leia-se países latinos), devemos resistir e lutar contra. Mais que isso, conforme anuncia Acosta (2016), em vez de falarmos em desenvolvimentos alternativos, devemos falar em alternativas de desenvolvimento.

1.3 Esperançando* outro mundo possível: o conceito de bem viver

Para iniciarmos esse tema, leia o trecho a seguir, transcrito da fala entre um colonizador invasor português (identificado como P) e um indígena Tupinambá (identificado como I), do filme *Caramuru: a invenção do Brasil* (2001); obra que, por meio do riso, questiona problemas sociais, políticos, econômicos, ambientais e epistemológicos, nos despertando para outros olhares acerca do tema do colonialismo.

> P – Tenho um projeto para aumentar a glória dos Tupinambás.
> I – Massacrá os inimigos dormindo, é?
> P – Não, comércio, venderemos comida para os brancos que chegarem nos navios.
> I – Ah, e nós vai morrê de fome, é ruim!
> P – Passaremos a colher e a caçar mais...

---

* Neologismo proposto por Freire (2005).

> I – Isso dá muito trabalho!
> P – Trocaremos por muitas mercadorias.
> I – Eu preciso de mais pra quê?
> P – Pra começar a juntar e em breve estar rico.
> I – De que me salva?
> P – Rico não precisa trabalhar.
> I – E rico faz o quê?
> P – Nada, fica parado, deitado na rede.
> I – Mas na rede eu vivo faz tempo, é bom!!!

FONTE: CARAMURU, 2001.

A intencionalidade da obra é chamar a atenção para o fato de que, para o bem viver de todos, não necessitamos explorar outrem e nem destruir o planeta Terra; tampouco devemos nos deixar levar pela sedução colonialista do "desenvolvimento" – ilusão de que se os "subdesenvolvidos" trabalharem muito sob o mando do grande capital poderão alcançar um "futuro melhor".

Sobre o assunto, Turino (2005, p. 27) propõe a seguinte reflexão:

> Beber e folgar ao mesmo tempo em que se busca o alimento, esse era o cotidiano de trabalho encontrado nas terras de Pindorama*. Os índios sabiam extrair da terra aquilo que ela lhes oferecia, e assim que conseguiam o suficiente podiam se dedicar à arte, às brincadeiras e à festa. Na verdade arte, brincadeira e festa estavam misturadas com a busca do sustento.

Para o autor, a lógica dos povos indígenas ameríndios "não é exatamente da recusa do trabalho" (Turino, 2005, p. 29), pois eles trabalhavam para atender às suas necessidades. A diferença é que o sentido de suas vidas não estava na acumulação de riquezas

---

* Do Tupi, *Pindorama* significa "região ou o país das palmeiras", e era o nome atribuído pelos povos indígenas ao território que posteriormente viria a ser denominado Brasil pelos invasores portugueses.

materiais, como era o caso dos europeus invasores há mais de quinhentos anos e de muitos hoje (europeus e não europeus) que compraram a ideologia da colonialidade e do capitalismo.

Ou seja, a ideia de trabalho no contexto dos povos originários da América Latina não é fragmentada da fruição do ócio e difere radicalmente do termo *licere*, proveniente do latim e que significa "o que é lícito, permitido". Em outras palavras, aquilo que na Roma Antiga era permitido pelos imperadores aos cidadãos e, a depender do interesse e da ocasião, aos escravizados, na manutenção da política "pão e circo".

Temporalmente bem adiante, na Revolução Industrial, ocorrida na segunda metade do século XVIII, o lazer (*licere*) passou a configurar-se de modo dicotômico em relação ao trabalho. Foi pouco a pouco cooptado pela lógica produtivista e relegado à compensação, à recuperação de energias e à fuga dos problemas sociais, políticos, econômicos, ambientais e laborais.

> Gomes (2008) complementa que, nos dias atuais, esse termo ainda tem um caráter de controle social e de mercantilização, ou seja, tornou-se, ele próprio, uma mercadoria.

Assim propomos nos inspirarmos na *radicalidade do ócio*, que contrapõe a lógica produtivista e consumista do capitalismo e ao conformismo do lazer como geralmente é apresentado (de modo compensatório às agruras do trabalho), em que é patente a exploração das classes populares pela elite empresarial, inclusive com a ameaça do desemprego. Entendemos que ócio e trabalho devem estar em um mesmo plano, ou seja, plenos de sentido no contexto do viver a vida.

Dussel (2005) descreve que em *Abya Yala** houve outro mundo, que não o europeu, que foi reduzido a objeto à disposição do "centro". O pensamento eurocêntrico questionou a humanidade dos povos indígenas, estabelecendo que eram rudes, indolentes, preguiçosos, aos quais se devia ensinar e catequisar, imprimindo nestes os moldes da civilização europeia.

De acordo com Quijano (2005), tradicionalmente as relações entre europeus e indígenas têm as seguintes classificações:
- civilizado – primitivo;
- científico – mítico;
- racional – irracional;
- empreendedor – indolente;
- moderno – tradicional.

Vale notar que essas relações todas se resumem em: europeu – não europeu. Tal visão eurocêntrica carrega a ideologia de uma trajetória evolucional humana que parte de um estado primitivo (indígena) e culmina no civilizado (europeu). Determinação essa que possibilitou aos europeus atribuir ao restante da humanidade (das raças) uma inferioridade "natural", omitindo, desconsiderando e desvalorizando saberes e práticas de povos indígenas da atualmente denominada *América Latina*.

Contrário a essa perspectiva, em palestra no Serviço Social do Comércio (Sesc), na cidade de Bauru, o historiador, psicólogo e filósofo indígena Daniel Munduruku (2013), ao ser questionado acerca do tema da contribuição dos indígenas na atualidade, respondeu: "A maior contribuição dos indígenas hoje é mantermo-nos vivos". Para ele, como os indígenas, em seu modo de vida tradicional, se percebem como parte da natureza e desta cuidam, porque ao cuidar dela estão cuidando de si mesmos e da continuidade da

---

* Do povo Kuna, *Abya Yala* significa "terra madura", "terra viva", "terra em florescimento". Era o nome atribuído pelo citado povo indígena ao território que viria a ser denominado América pelos invasores espanhóis.

vida, acabam por contribuir com todos os entes viventes, humanos e não humanos.

Ao analisar essas duas óticas, é nosso dever contemporâneo reorganizar nossos referenciais de mundo e culturais, fazendo uma análise distinta daquela que fomos habituados a ver em nossa escolarização. Devemos estar atentos, de um lado, ao risco da visão hegemônica que nos foi ensinada pela ciência moderna eurocêntrica e pela colonialidade capitalista e, de outro lado, ao risco de adotarmos uma visão romantizada dos povos indígenas, que também padecem da influência capitalista e colonialista.

Nessa reflexão, nos ajuda Freire (2005) que, ao tornar o substantivo *esperança* no neologismo do verbo *esperançar*, indica a necessidade da ação humana em busca da utopia, do sonho, de um mundo melhor para todos:

> não há utopia verdadeira fora da tensão entre a denúncia de um presente tornando-se cada vez mais intolerável e o anúncio de um futuro a ser criado, construído, política, estética e eticamente, por nós, mulheres e homens. A utopia implica essa denúncia e esse anúncio, mas não deixa esgotar-se a tensão entre ambos quando da produção do futuro antes anunciado e agora um novo presente. A nova experiência de sonho se instaura, na medida mesma em que a história não se imobiliza, não morre. Pelo contrário, continua. A compreensão da história como possibilidade e não determinismo [...] seria ininteligível sem o sonho, assim como a concepção determinista se sente incompatível com ele e, por isso, o nega. (Freire, 2005, p. 91-92)

Vale ressaltar que, além de Freire (2005), outros autores e autoras (Quijano, 2005; Mejía, 2013; Oliveira, 2009; Acosta, 2016; Dussel, 2003; Santos, 2005; Araújo-Olivera, 2014) têm apresentado denúncias e anúncios com perspectivas de povos do sul, perspectivas estas que têm sido historicamente desconsideradas pela epistemologia dominante da ciência ocidental moderna.

Conforme descreve Santos (2005), muito do conhecimento e da experiência de povos tradicionais foram desperdiçados pelo preconceito, pela discriminação e pela negação destes, marginalizando saberes e práticas milenares sobre a manutenção da vida plena e boa para todos na Terra, e, apesar das inúmeras tentativas de invisibilização, escravização e mesmo de aniquilamento, tais povos têm resistido, apoiando-se em suas epistemologias.

Um desses ensinamentos desperdiçados ao longo do tempo foi o que Dussel (2003, p. 27) caracteriza como outro modo de viver, ancestral a povos indígenas latino-americanos, denominado *vida boa* ou *bem viver*:

> A "vida boa" não é principalmente o fim [...] de uma razão instrumental ou estratégica, mas é um modo de vida "comunitária" (ideal ou real), que deveria ser o cumprimento do reconhecimento ético-originário intersubjetivo do Outro como outro, de onde se abre a possibilidade da comunicação e o exercício da própria razão discursiva.

Quijano (2011, p. 46-47, tradução nossa) apresenta outras expressões similares à vida boa, difundidas no contexto latino-americano:

> "Bien Vivir" e "Buen Vivir" são os termos mais difundidos no debate do novo movimento da sociedade, sobretudo da população indígena da América Latina, na qual há uma existência social diferente da que nos tem imposto a colonialidade do poder. "Bien Vivir" é, provavelmente, a formulação mais antiga da resistência "indígena" contra a colonialidade do poder. [...] Entre os quéchua do norte do Peru e no Equador, se diz *Allin Kghaway* (Bem Viver) ou *Allin Kghawana* (Boa Maneira de Viver) e entre os quéchua do sul e na Bolívia se costuma dizer *Sumac Kawsay* e se traduz em espanhol como "Buen Vivir". Porém, Sumac significa bonito, lindo, formoso, ao norte do Peru e no Equador. Assim, [...] *Sumac Kawsay* se traduziria [...] como "Viver Bonito".

Acosta (2016) acrescenta que tal modo de vida e ética também se faz presente com a expressão *Suma Qamaña* (boa vida), usada pelo povo Aymara, habitantes do norte do Chile e regiões fronteiriças com Peru e Bolívia, bem como a expressão *Nhandereko* (nosso modo de viver), dos Guarani, habitantes de regiões no Brasil, Bolívia, Paraguai e Argentina. Há princípios similares entre outros povos indígenas, tais como os Mapuche, do Chile, e os Kuna, do Panamá.

Ademais, observamos que o bem viver já se encontra inserido nas constituições de dois países da América Latina, Equador e Bolívia. No caso do Equador, inclusive, há menção aos Direitos da Natureza, no artigo 238 da Constituição Equatoriana, que estabelece:

> O sistema econômico é social e solidário; reconhece o ser humano como sujeito e fim; tende a uma relação dinâmica e equilibrada entre sociedade, Estado e mercado, em harmonia com a Natureza; e tem por objetivo garantir a produção e a reprodução das condições materiais e imateriais que possibilitem o Buen Vivir. (Constituição do Equador, citada por Acosta, 2016, p. 174)

Os direitos da natureza, cuja centralidade é a própria na natureza e, por esta motivação, segundo Acosta (2016), incluem também o ser humano, voltam-se aos ecossistemas e às coletividades, não aos indivíduos.

Excelente exemplo que contribui com o princípio do bem viver vem do ex-presidente do Uruguai, Pepe Mujica, que afirma:

> Ou alcança ser feliz com pouco e com bagagem leve, porque a felicidade está dentro de você, ou não alcança nada. Isto não é uma apologia à pobreza. Isto é uma apologia à sobriedade. Porém, como inventamos uma sociedade de consumo, consumista, e a economia tem que crescer, porque se não cresce é uma tragédia, inventamos uma montanha de consumo supérfluo, e temos que descartar e viver comprando e descartando. E o que estamos gastando é tempo de vida, porque, quando eu ou você compramos algo, não pagamos com dinheiro, pagamos com tempo de vida que tivemos que gastar para ter esse dinheiro. Porém, com

uma diferença: a única coisa que não se pode comprar é a vida, a vida se gasta. E é miserável gastar a vida para perder liberdade.

(Human, 2015, tradução nossa)

O bem viver é algo a ser considerado em permanente construção, à medida que as pessoas e os grupos o vão assumindo em suas vidas, superando contradições e desequilíbrios com o ecossistema. Trata-se de um mundo com cada vez menos miséria e discriminação, com um mínimo de coisas necessárias, bens e serviços, sem a finalidade da acumulação (Mejía, 2013).

Vale destacar que o modo de vida destes povos ancestrais pode ser uma resposta para a permanência da humanidade na Terra. Ao longo do tempo, a ciência, com diferentes expressões, tem buscado nos convencer de que as chaves são desenvolvimento humano, desenvolvimento sustentável, desenvolvimento econômico, entre outros adjetivos que, vale notar, têm sido associados à ideia de "desenvolvimento", mas que mantém prioritariamente o desenvolvimento nas mesmas bases que importam ao capitalismo, ou seja, lucro desmedido.

Contrário a isso, nas palavras de Acosta (2016, p. 176): "Bem Viver não é sinônimo de opulência. 'Melhor com menos' poderia ser seu lema".

Considerações finais

Ao contrário do que tentam nos impor o capitalismo e a colonialidade do poder e do saber, o bem viver é a busca pela afirmação de um ideal de vida ou, antes, da própria vida. Trata-se da dignificação do ser humano como ente da natureza e, como tal, ser que deve adotar atitudes pautadas na essencialidade humana. Como exemplo dessas atitudes, Logarezzi (2007, p. 103) menciona

mais brincadeira, menos brinquedo; mais empatia, menos maquiagem; mais carinho, menos presentes; mais bicicletas, menos utilitários de luxo; mais diversidade, menos intolerância; mais solidariedade, menos individualismo; mais cooperação, menos competição; mais reflexão, menos técnica; mais paz, menos guerra; mais social, menos econômico; mais sutileza, menos velocidade; mais felicidade, menos desenvolvimento.

Ao esperançar uma nova maneira de viver no mundo, as relações necessitam ser ancoradas em um exercício contínuo de convivência, de forma que um modo de vida "comunitário" se abra de forma democrática e consensual ao bem viver, e as pessoas respeitem uma ética ecológica para "sobre-vivência da comunidade de vida humano-cultural" (Dussel, 2003, p. 28) onde todos são implicados em um nós.

De acordo com Boff (2006, p. 23),

Vivência deriva de conviver e de coexistir. Con-viver e co-existir são modos de ser [...] e inclusivos. É consequência da vida, tomada em sua plena complexidade, partilhada junto com os outros, coexistindo com eles e participando dinamicamente de suas vidas, de seu sentido de ser, de suas lutas, de suas buscas, de suas derrotas e de suas vitórias. Nessa convivência se dá o aprendizado real como construção coletiva do saber, da visão de mundo, dos valores que orientam a vida e das utopias que mantêm aberto o futuro.

Nesse sentido, podemos compreender que valorizar a radicalidade do ócio (não desperdiçando a experiência da fruição de canto, dança, jogo e festa não desconectada do trabalho, da espiritualidade, dos demais entes da natureza) pode inspirar as pessoas a estreitar suas relações e a praticar o *convívio*, a coexistência, a correspsonsabilidade pelo projeto coletivo ético-estético que, nos moldes dos povos latinos, podemos denominar *vida boa*, *viver bonito* ou *bem viver*.

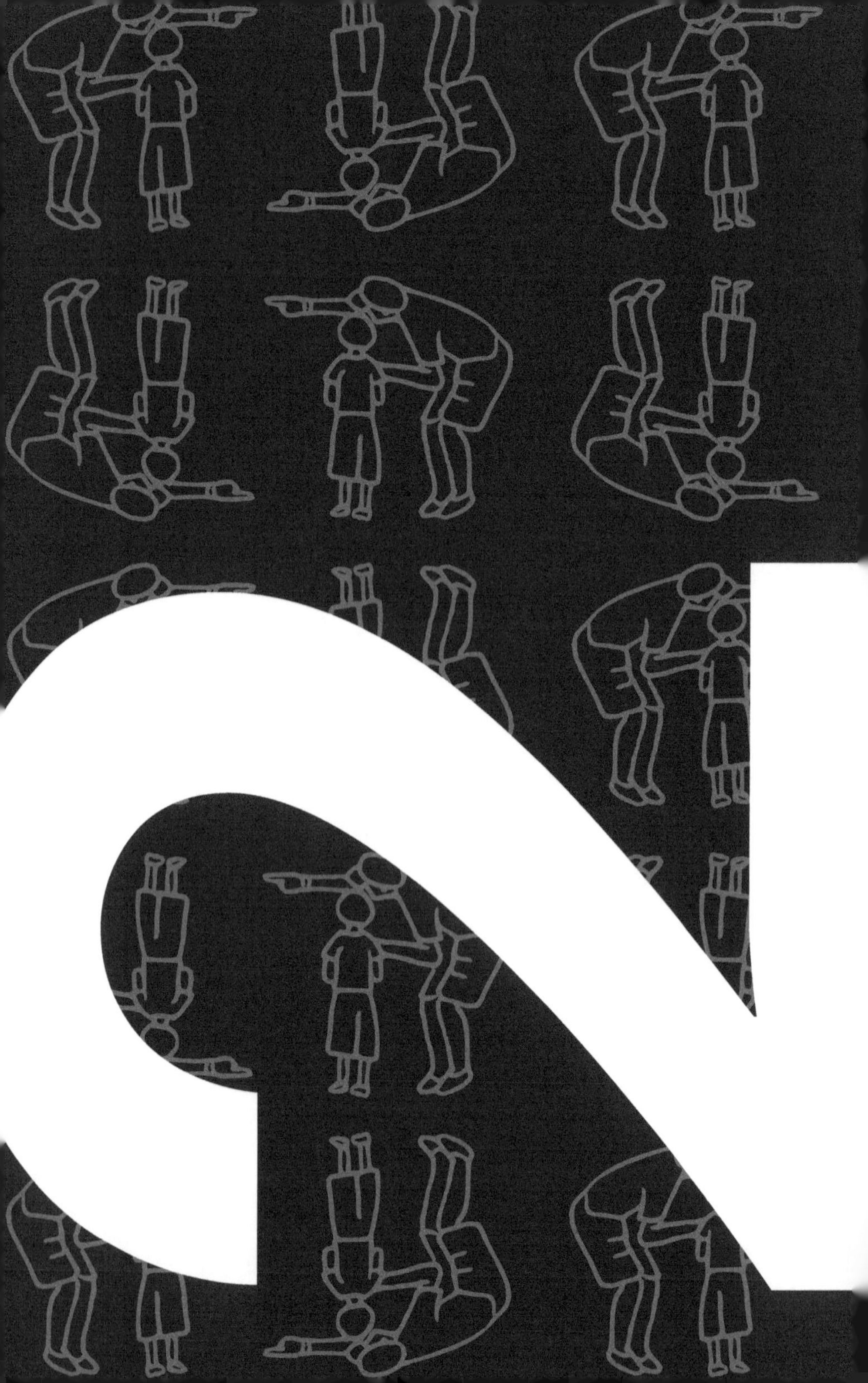
2

Lazer e vida de qualidade após os 60 anos de idade

Priscila Mari dos Santos Correia
Íris Letícia da Silva
Alcyane Marinho

Neste capítulo, utilizaremos dados empíricos para abordar o tema da inserção de idosos em atividades de aventuras, como as trilhas. Analisaremos como o acesso ao lazer é um fator que garante uma vida com mais qualidade às pessoas, ao passo que os cortes de recursos nos setores sociais são fatores dificultadores desse acesso.

O que defendemos neste capítulo é o lazer como caminho para uma vida de qualidade ainda que em momentos de ameaças aos direitos sociais – direitos, dentre os quais, o próprio lazer está inserido.

2.1 Sociedade contemporânea e o lazer

A sociedade contemporânea está em constante mutação. Trata-se de um cenário complexo, diverso, com pluralidade de valores, crenças e opiniões. De acordo com Maffesoli (2016), a época pós-moderna nascente abriu espaço para o repensar sobre a vida, sobre o viver com qualidade aqui e agora, com crescente espaço, desde então, para discussões acerca desses temas na atualidade. Outros aspectos importantes das sociedades contemporâneas é maior percepção sobre a potência das coletividades, sobre a necessidade de maior abertura à sensibilidade e à subjetividade e a cada vez mais marcante a valorização do presente.

É claro que, apesar disso, a dinâmica social atual é contraditória, baseada em uma harmonia conflitual. No mundo contemporâneo, o arcaico partilha espaço com o desenvolvimento tecnológico; a razão divide pensamentos com a emoção; a proximidade se revela ao mesmo tempo em que o distanciamento permanece. Está em decorrência no mundo uma ordem simbólica da correspondência: maneiras de ser que antes se acreditava não poderem existir concomitantemente estão constantemente em algum tipo de interação, de reversibilidade, de ação-retroação. Situação esta descrita por Maffesoli (2016, p. 193) da seguinte maneira: "costurar juntas coisas disparates, eis o que caracteriza o *patchwork* pós-moderno".

Nesse sentido, a dinâmica da sociedade contemporânea deu espaço para que as pessoas pensassem mais sobre viver com qualidade, no entanto, cabe fazermos os seguintes questionamentos:

- Como viver com qualidade em um mundo que é assumidamente tão complexo e diverso?
- Como se considerar alguém com qualidade de vida, no Brasil, em um momento no qual direitos sociais, tal qual o direito ao lazer, sofrem graves ameaças de violação?
- Como aqueles que cada vez mais envelhecem podem viver bem nesse contexto?

Dada a complexidade da própria dinâmica social contemporânea, as respostas a essas questões não são simples, pois requerem que diversos fatores sejam considerados. Por outro lado, podemos levar em conta que alguns "caminhos" pouco trilhados podem ser relevantes para, no cenário atual, termos meios de responder a essas perguntas satisfatoriamente.

O lazer é um desses caminhos. Lazer de que tanto falamos e que, mesmo sem perceber, vivemos. Almejado, sonhado e, ao mesmo tempo, banal, corriqueiro, cotidiano – frequentemente não percebido conscientemente nos nossos lugares de vivência. Ainda de acordo com Maffesoli (2010), as relações sociais que o lazer oportuniza tornam-se relações animadas por e a partir do que é intrínseco, vivido no dia a dia, centrando-se sobre o que é da ordem da proximidade e da emoção.

2.2 O direito ao lazer para idosos

De acordo com Ervati, Borges e Jardim (2015), ao citar dados do Instituto Brasileiro de Geografia e Estatística (IBGE), no Brasil, em 2010, havia mais de 19 milhões de idosos, e estima-se que, em 2030, haverá mais de 41 milhões. Isso porque vivemos, no país, décadas de crescente acesso aos serviços sociais, o que fez aumentar a expectativa de vida da população. Dessa forma, chegar aos 60 anos de idade é atualmente uma realidade não distante, o que representa significativo avanço em relação a épocas precedentes do país, frequentemente marcadas por epidemias de doenças infectocontagiosas, escassez de cuidados com a saúde (Barreto, 2006).

No entanto, viver mais não significa, necessariamente, viver melhor, uma vez que a sociedade e sobretudo o acesso aos direitos sociais (econômicos, políticos, sociais) não tem pleno preparo para abrigar uma população idosa. Atualmente, esse despreparo pode ser maximizado com a tentativa de violação dos direitos sociais já conquistados pela população, inclusive o direito ao lazer.

Damos destaque a essa questão porque as atividades vivenciadas no lazer podem representar vivências alegres, prazerosas e espontâneas, assim como oportunizar relações mais próximas e solidárias – fatores esses que ganham magnitude maior para as pessoas com mais de 60 anos de idade, sobretudo quando levamos em conta a diminuição dos vínculos profissionais e familiares pelos quais as pessoas geralmente passam nesse período da vida (Santos, 2015).

Portanto, tomando por base que somos seres humanos envelhecentes e cidadãos brasileiros, é dever de todos lutar pelo direito ao lazer após os 60 anos de idade.

2.3 Lazer após os 60 anos de idade: possibilidades

Existe um amplo repertório de atividades que podem ser vivenciadas no lazer após os 60 anos de idade. No entanto, daremos destaque, aqui, àquelas que podem ser desenvolvidas no meio natural, pois a relação corpo-natureza permite um (re)conhecimento do(no) outro, uma descoberta de espaços, pessoas, cenários, sentimentos, emoções, que dão sentido maior à vida (Marinho, 2001, 2007).

Para Maffesoli (2010, 2016), por mais alienada que a sociedade possa parecer ou por mais devastada que a natureza possa estar, é possível observar uma força interna em ação no ambiente natural, uma "ecosofia". A natureza é, assim, essencial para a compreensão das sociedades pós-modernas, uma vez que serve de referência para toda medida qualificativa que insiste no aspecto ético dos sentimentos, das emoções e das experiências coletivas.

É nesse sentido que, no mundo contemporâneo, a natureza não se torna mais apenas um objeto a ser explorado, um pano de fundo, ou uma mera paisagem a ser vista, mas, sim, uma parceira no que diz respeito a uma vida de qualidade, seja ela expressa na maneira de se vestir, de se alimentar, de se relacionar – uma parceira obrigatória nos diálogos envolvendo a vida humana.

Mesmo em suas formas mais mercantilizadas, ou em suas manifestações mais autênticas, as relações com a natureza exprimem a vida (Maffesoli, 2010). É nesse campo que acreditamos nas atividades de aventura na natureza emergindo como alternativas de lazer para uma vida de qualidade após os 60 anos de idade.

2.3.1 Atividades de aventura na natureza

Podemos caracterizar *aventura* como a modulação contemporânea de um desejo que remete às coisas "sem preço". Nessa perspectiva, a aventura não está relacionada à questão de ganhar ou de perder, mas a uma forma de experimentar toda a vida naquele momento, como se não existisse outro objetivo para a vida a não ser sua própria realização. É nessa perspectiva que as atividades de aventura na natureza podem ser entendidas como uma busca daquilo que inerente ao ser, mas que se volta para o mundo como transcendência, como superação do seu estado atual. É desse modo que tais atividades podem se manifestar na e com a natureza, com os outros e com o mundo (Bruhns, 2009; Marinho; Bruhns, 2005).

Na maioria dos casos, as atividades de aventura na natureza são vivenciadas em grupos, compostos por pessoas de diferentes estilos de vida, mas que descobriram possibilidades de relação com a natureza e estão dispostas a viver as interações coletivas que esse tipo de atividade possibilita.

Maffesoli (2010, 2014, 2016), na tentativa de compreender algumas das características do mundo contemporâneo, remete diversas vezes à formação de "tribos". Para o autor, estas, ainda que identificadas por meio de encontros efêmeros, tais como por meio de atividades de aventura na natureza, conferem um todo significativo à vida humana.

Para Pimentel e Saito (2010) e também para Marinho (2013), as atividades de aventura na natureza são:
- favoráveis ao desenvolvimento de sensações e de emoções diversas, como prazer, medo, (in)segurança, liberdade, alegria, cooperação, amizade, paz, confiança, afinidade etc.
- passíveis de risco (real ou imaginado), geralmente controlado.

De acordo com resultados de alguns estudos empíricos realizados com pessoas com mais de 60 anos de idade (Chao et al., 2015; Dias, 2006; Viscardi et al., 2018), essas características não se alteram com este público.

A experiência com essas atividades revela, ainda, um caráter turístico:

- Viajar para experimentar uma determinada atividade de aventura na natureza.
- Participar de uma atividade em um local nunca antes visitado.
- Integrar a atividade e, ao mesmo tempo, descobrir o lugar, as pessoas e sentimentos.

De acordo com Gomes, Pinheiro e Lacerda (2010), vale ressaltar que o turismo geralmente é abordado como um assunto prioritariamente econômico, de modo que as condições financeiras das pessoas aparecem como principais limitantes para o usufruto do turismo como lazer. Contrário a esse pensamento limitador, as atividades de aventura na natureza mostram que o turismo, de forma mais ampla, constitui-se, na verdade, em fenômeno sociocultural atrelado ao lazer. Dessa forma, tanto uma longa viagem comercializada por uma agência de turismo, quanto um curto passeio para experimentar uma trilha entre pessoas idosas pode ter todo este caráter de descoberta do novo e do enriquecimento de sensibilidades.

Vivenciar o lazer por meio do turismo (e aqui estamos considerando a alternativa das atividades de aventura na natureza) pode aumentar consideravelmente o processo de integração entre os idosos e destes com outros lugares e demais faixas etárias (Gomes; Pinheiro; Lacerda, 2010).

2.4 Trilhando caminhos pouco explorados a partir da aventura: relato de experiências desenvolvidas com idosos

Pautando-se na compreensão sobre o lazer, também, como um direito social, podemos pensar em defender justamente atividades pouco exploradas por diversos motivos, particularmente na velhice (dificuldade de acesso, necessidade de recursos humanos capacitados, bem como de recursos materiais específicos, existência de risco – ainda que controlado – etc.).

Nosso intuito aqui é mostrar que as tantas dificuldades existentes podem ser minimizadas tomando-se por base três aspectos:

1. Vontade e identificação.
2. O relato de que esses caminhos pouco explorados podem ser simples e comuns.
3. A identificação de que experiências de atividades de aventura na natureza podem ser tão significativas para uma vida de qualidade após os 60 quanto outras atividades quaisquer, havendo, sim, a possibilidade de as primeiras integrarem a vida de idosos.

Passemos, agora, ao relato do Estudo de caso desenvolvido pelas pesquisadoras autoras deste capítulo sobre a experiência de campo realizada com idosos da cidade de São José – SC, em 2017.

Vale mencionar as fases pré-campo do projeto, visto que a seriedade da pesquisa necessitava de dados abrangentes e critério de seleção.

- Inicialmente, foi elaborado um projeto de pesquisa, que posteriormente foi apresentado à supervisão operacional do Centro de Atenção à Terceira Idade (Cati) de São José e à Direção de Proteção Social Básica da Secretaria de Assistência Social (SAS) da Prefeitura Municipal de São José (PMSJ), à qual o Cati está vinculado.

- Com a anuência e a parceria dos responsáveis, o projeto foi submetido à apreciação do Comitê de Ética em Pesquisas Envolvendo Seres Humanos da Universidade do Estado de Santa Catarina (Udesc). Em 20 de julho de 2017, obteve-se a aprovação desse comitê para a realização do estudo, por meio do parecer número 2.179.890.
- Ficou estabelecido que os idosos selecionados seriam acompanhados pelas pesquisadoras, por profissionais de educação física e por técnicos de enfermagem.
- O Cati ficou responsável por disponibilizar o lanche (frutas) e a Udesc por disponibilizar o transporte e também alguns profissionais de educação física.

A ideia inicial era divulgar a proposta por meio de cartazes e fôlderes para todos os idosos frequentadores do Cati em 2017 (aproximadamente 1.000 idosos). Contudo, por se tratar de uma experiência nunca antes realizada neste espaço e levando-se em conta a disponibilidade de apenas 15 lugares no transporte disponível, a estratégia foi modificada para o convite direto a possíveis idosos interessados.

Foram contatados aproximadamente 20 idosos, tomando como critério aqueles que nunca haviam experimentado trilhas ou que acreditavam nunca ter experimentado. Dentre os idosos contatados, 14 aceitaram participar voluntariamente da pesquisa – todos praticantes, no ano corrente, ou que praticaram, no ano anterior, atividades físicas no Cati (hidroginástica, ginástica, dança ou pilates).

Depois dessa pré-seleção, foi realizada uma reunião com os 14 idosos interessados, para informá-los sobre os objetivos da pesquisa, sobre as trilhas que seriam percorridas (locais, extensão, nível de dificuldade, duração, atrativos, curiosidades), e os procedimentos gerais (data de cada trilha, horários previstos de partida e de retorno, materiais sugeridos, como o uso de roupas leves e confortáveis, calçados confortáveis como tênis, boné ou chapéu, filtro solar, repelente, mochila leve de costas, água, lanche e sacolas para resíduos).

Com notável interesse e entusiasmo, os 14 idosos foram solicitados a assinar um Termo de Consentimento Livre e Esclarecido para participação no estudo, bem como um Termo de Consentimento para Fotografias, Vídeos e Gravações. Para controle das pesquisadoras, os participantes também preencheram formulários com seus dados pessoais e contatos de emergência, com anexos de atestado médico com liberação para a prática de atividades físicas, disponível no Cati, e outros documentos e orientações do setor de saúde daquele mesmo espaço.

2.4.1 Experiências práticas

Foram oportunizadas aos idosos participantes do projeto quatro experiências com trilhas, cada uma delas realizada uma vez por semana. As trilhas propostas incluíram diferentes locais de São José – SC e de Florianópolis – SC, a fim de que os idosos tivessem experiências diversificadas, ainda que em uma escala reduzida em termos de quantidade total. Isso porque, conforme Marinho (2007), a oferta de atividades no âmbito do lazer e do turismo, no que se refere à qualidade e à diversidade, deve estar direcionada a interesses comuns, atingindo o maior número possível de pessoas, para as quais as informações e vivências oportunizadas permitam a reflexão e o compartilhamento, potencializando espaços de convivência, interação e participação efetivas.

É importante esclarecer que, por motivos diversos (consulta médica agendada, necessidade de cuidar do esposo ou de netos etc.), nem todos os idosos puderam comparecer a todas as trilhas. Seis deles conseguiram participar das quatro, enquanto seis tiveram que faltar a uma delas; dois idosos selecionados puderam participar de duas trilhas, apenas.

Assim, a quantidade máxima de idosos em uma única trilha foi 13, como é possível observados nos dados dispostos no Quadro 1.1, no qual apresentamos dados das trilhas selecionadas.

QUADRO 2.1 – CARACTERÍSTICAS GERAIS DAS TRILHAS REALIZADAS

Trilhas	Data	Nível de dificuldade	Extensão	Duração	Idosos	Profissionais*
Parque Ecológico do Córrego Grande – Florianópolis	25/08/2017	Fácil	1,2 km	30 min	10	1 profissional de Educação Física e 1 técnico de Enfermagem do Cati; 1 profissional de Educação Física da Udesc.
Horto Florestal de São José	01/09/2017	Fácil	2,0 km	50 min	11	1 profissional de Educação Física e 1 técnico de Enfermagem do Cati; 2 profissionais de Educação Física da Udesc.
Piscinas Naturais da Barra da Lagoa – Florianópolis	06/09/2017	Fácil	1,4 km	35 min	13	2 profissionais de Educação Física, 1 psicólogo e 1 técnico de Enfermagem do Cati; 1 profissional de Educação Física da Udesc.
Praia do Saquinho – Florianópolis	15/09/2017	Moderado	2,0 km	60 min	12	1 profissional de Educação Física e 1 técnico de Enfermagem do Cati; 1 profissional de Educação Física da Udesc.

Nos dias referentes a cada trilha, as pesquisadoras estavam de posse das fichas com os dados de identificação de cada participante e as cópias dos atestados médicos e documentos fornecidos pelo setor de saúde do Cati. A técnica de enfermagem que acompanhou as saídas levava consigo materiais necessários para primeiros socorros. Além disso, uma das pesquisadoras ia aos locais com condução própria, a fim de disponibilizar um carro de apoio em caso de necessidades especiais.

O tempo de deslocamento do Cati até cada uma das trilhas variou com a distância e o fluxo do trânsito, de aproximadamente 30 min. a 1h30min. Todas as trilhas foram realizadas no período matutino.

Chegando ao local de início de cada trilha, os participantes foram, mais uma vez, orientados quanto aos desafios e aos procedimentos gerais, enquanto faziam os alongamentos e aquecimentos articulares conduzidos pelos profissionais de Educação Física.

Na maioria das trilhas, os grupos foram organizados em colunas. Na frente, ficava um profissional de Educação Física (o que tinha mais experiências com a trilha em questão), seguido dos participantes. No centro dos participantes, ficava a técnica de enfermagem, e, ao final do grupo, os demais profissionais. As pesquisadoras, sempre que possível, alternavam suas posições entre o grupo, a fim de registrar momentos, falas e expressões dos participantes por meio de fotografias, filmagens e anotações.

Ao término de cada trilha, era proposto, em média, 1h para descanso, contemplação dos atrativos do local e realização do lanche, momento também aproveitado pelas pesquisadoras para observações, registros fotográficos e anotações em diários de campo.

Logo após, seguindo as orientações do início, era feita a mesma trilha para retorno até o local do transporte. O alongamento e o relaxamento muscular marcavam o final da atividade, sendo que os idosos eram convidados a escrever em um formulário três palavras-chave que poderiam melhor exemplificar o significado da experiência da trilha em questão.

Após o término das quatro experiências com trilhas, foram agendados dias e horários, de acordo com a disponibilidade de cada idoso participante, em um espaço reservado do Cati, para a realização de uma entrevista semiestruturada, conduzida por uma das pesquisadoras. O intuito das entrevistas foi identificar aspectos relacionados às percepções dos idosos sobre as trilhas realizadas, as relações interpessoais vivenciadas, as dificuldades e facilidades encontradas, as emoções e os sentimentos antes, durante e após as trilhas, bem como o interesse em continuar participando de trilhas, sendo elas oferecidas pelo Cati, ou não.

Vale mencionar que, antes do início efetivamente das entrevistas, os participantes foram orientados sobre a liberdade de não responder a qualquer pergunta, caso não se sentissem à vontade para isso, bem como foram informados sobre a utilização do gravador de áudio, a fim de facilitar o registro da conversa. Além disso, cada idoso foi questionado sobre o nome fictício que gostaria de receber para identificá-lo em textos e apresentações acadêmicas futuras.

Quadro 2.2 – Características pessoais dos idosos participantes das trilhas

Idosos (nomes fictícios)	Sexo	Idade (anos)	Estado civil	Com quem mora	Ocupação atual
Benício	Masculino	66	Casado	Esposa e filhas	Aposentado
Dália	Feminino	63	Casada	Esposo	Aposentada
Flor	Feminino	63	Divorciada	Sozinha	Aposentada
Fran	Feminino	66	Casada	Esposo e filhas	Aposentada
Gabi	Feminino	68	Solteira	Sozinha	Do lar
Josefa	Feminino	63	Casada	Esposo	Do lar
Lírio do Campo	Masculino	69	Viúvo	Filho	Aposentado
Luana	Feminino	67	Casada	Esposo	Do lar
Moisés	Masculino	75	Divorciado	Filha	Aposentado
Orquídea	Feminino	69	Casada	Esposo	Aposentada
Rosa	Feminino	65	Divorciada	Neto	Aposentada
Silveira	Masculino	64	Casado	Esposa e filhos	Aposentado
Violeta	Feminino	61	Casada	Esposo e Filhos	Aposentada
Xuxa	Feminino	62	Casada	Esposo e filhos	Aposentada

É válido mencionar que, de acordo com Andrade et al. (2014) e Santos (2015), a participação das mulheres em atividades no lazer durante a velhice é maior que a dos homens, por motivos diversos, tais como maior expectativa de vida das mulheres, influência da aposentadoria na vida dos homens, falta de interesse dos homens por atividades predominantemente ofertadas em grupos de idosos, falta de incentivo para eles participarem, entre outros. Com base nisso, vale ressaltar que embora o convite para a atividade tenha sido feito com a preocupação em equiparar o número de pessoas de ambos os sexos, houve dificuldade nesse sentido, sobretudo tendo em vista a maioria de mulheres que frequenta o Cati – o que possivelmente é reflexo dos fatores que mencionamos.

Apesar disso, consideramos que a presença de quatro homens idosos nessas experiências, dois casados e dois sem companheiras no momento, é expressiva para um grupo de 14, podendo revelar que atividades de aventura na natureza, tais quais as trilhas, podem despertar um pouco mais o interesse dessas pessoas, em comparação a outras atividades no lazer, como os bingos predominantes em muitos grupos de convivência para idosos, conforme citado por Santos (2015).

A idade média de 65,8 ± 3,7 anos, por outro lado, não reflete uma escolha intencional por idosos entre 60 e 75 anos, por exemplo. Embora a expectativa de vida esteja aumentando no Brasil. De acordo com Andrade et al. (2014), o grau de dependência e os desafios advindos com o avançar da idade podem dificultar a participação de idosos em grupos de convivência e em outras atividades no lazer destinadas a idosos. Isso pode repercutir em menor número de idosos com mais de 75 anos em espaços como o Cati, por exemplo, apesar de nele haver alguns, inclusive, com mais de 90 anos, conforme relatado pelos profissionais que lá atuam e que acompanharam as trilhas.

O estado civil, as pessoas com quem o idoso mora (ou não) e a ocupação atual dão indícios, na maioria dos casos, de uma necessidade maior de socialidade. Embora não se possa afirmar, meramente observando as características apresentadas, que estar divorciada, morando sozinha e ser aposentada, como no caso da Flor (63 anos), seja sinônimo de solidão, por exemplo, ou, que estar casado, morando com a esposa e filhos e ser aposentado, como no caso do Silveira (64 anos), signifique ter boas e constantes relações sociais, as entrevistas realizadas após as trilhas, bem como os relatos registrados e as observações durante as vivências, mostram que, em um ou em outro caso, essas características têm, sim, importante influência na socialidade (na potencialização ou na falta dela).

2.4.2 Entrevistas e relatos

Tratamos *experiência* no sentido atribuído por Bondía (2002, p. 21): "[aquilo] que nos passa, o que nos acontece, o que nos toca", ou seja, tudo que, mediante abertura receptiva, é efetivamente sentido e gera significado. Nessa perspectiva de entendimento, não é qualquer acontecimento que se configura como *experiência*, pois esta não é apenas o que acontece, mas, sim, o que acontece a cada pessoa, o que sensibiliza, motiva, desperta emoções (boas ou ruins). Desse modo, podemos considerar que cada experiência é singular, ainda que oportunizada em comum e vivida coletivamente.

Antes de dar início à análise dos relatos, vale mencionar que, na perspectiva proposta Bondía (2002), nem toda atividade no lazer pode ser considerada uma experiência. Conforme exposto no parágrafo anterior, no entendimento do autor em questão, uma atividade no lazer seria considerada uma experiência se gerasse significado e despertasse emoções. Mas optamos por usar a definição do termo proposta pelo autor porque consideramos que, com base nas constatações expostas a seguir, as trilhas foram, de fato, *experiências* para os idosos participantes.

> No dia 15/09, fizemos a nossa última trilha, a da Praia do Saquinho, no extremo Sul da Ilha de Florianópolis – SC. Dentro do micro-ônibus, no caminho do Cati até o início da trilha, todos os participantes estavam muito felizes e entrosados. Conversavam, riam, contavam piadas, compartilhavam receitas e, principalmente, comentavam sobre as trilhas anteriores. Diziam que estava sendo muito bom participar do projeto, pois as trilhas estavam fazendo bem para eles. Um participante (Benício) até começou a pensar em possibilidades para continuar com o projeto. Disse que tinha um amigo que

> talvez pudesse ajudar com o transporte e que bastaria apenas ter alguém que os acompanhassem para darem continuidade às atividades com trilhas.
> Outro assunto que surgia com frequência no longo percurso até o local de início da trilha em questão era a beleza dos lugares pelos quais passavam. Através da janela do micro-ônibus, contemplavam as ruas, as pessoas, as casas e as paisagens naturais. Comentavam sobre o mar, as árvores e sobre a criação de tudo o que viam [...].
> Quando, enfim, chegamos à Praia da Solidão, início da trilha para a Praia do Saquinho, alguns participantes se emocionaram com o lugar. Aproveitei para reunir o grupo e fomos até a areia da praia para fazermos os aquecimentos. Nesse momento, observei que eles estavam com uma certa expressão de tristeza e, então, eu disse que não poderíamos fazer a trilha, pois eles não estavam com muita vontade. Eles começaram a rir, dizendo que estavam tristes, mas era porque aquela seria a última trilha que eles fariam com o projeto.
> Terminando os aquecimentos, iniciamos a trilha, e logo nos deparamos com uma subida difícil, mas os participantes não reclamaram, apenas caminharam mais devagar.

Fonte: Diário de Campo, set. 2017, p. 9.

Esses fragmentos registrados no diário de campo foram escolhidos porque acreditamos que eles retratam brevemente um pouco de tudo que as quatro trilhas oportunizaram aos idosos: sentimentos, emoções, relações sociais, empoderamento, liderança, contemplação, descoberta, interesse, desafios, experiências. Experiências de viver com mais qualidade após os 60 anos de idade. Interessante notar que os fragmentos em questão antecedem a última trilha propriamente dita, mas referem-se às trilhas anteriormente experimentadas e a tudo que elas envolveram, antes, durante e após sua realização.

Antes das trilhas, o imaginário mostrou-se muito presente, demonstrando as expectativas, os desejos, os receios, as imagens, as emoções, os sentimentos imbricados na participação naquela atividade. Conforme alguns relatos registrados nas entrevistas, em relação aos momentos antes do início das trilhas:

- a gente não sabia como é que ia reagir com as trilhas, porque eu nunca fiz trilhas. [...] (Benício, 66 anos).
- Senti aquela ansiedade, assim, de ver, de participar até o final para saber como seria (Lírio do Campo, 69 anos).
- Eu sentia felicidade! Estou feliz de estar indo fazer a trilha (Orquídea, 69 anos).
- Eu sentia que eu tinha que ir para ver! [...] para mim era novidade, eu queria ir lá [...] não sabia se tinha morro, se tinha subida, se tinha descida, eu queria ir [...] É o espírito de aventureira (Luana, 67 anos).
- Acho que no início a questão de que a gente não tinha conhecimento com ninguém. Então, a gente ficava inseguro pensando como é que ia ser o grupo [...] se não vão te isolar, como é que você vai se sentir [...] (Xuxa, 62 anos).

Marcellino (1996), com base em trabalhos do sociólogo Paulo Salles Oliveira, discute três dimensões envolvidas nas atividades turísticas desenvolvidas no lazer (imaginação, ação, recordação). A primeira delas seria justamente a imaginação, isto é, o domínio do sonho, a curtição da viagem ou do passeio por antecipação. Conforme apontamos na primeira seção deste capítulo, as atividades de aventura na natureza também podem ter este "caráter turístico", sendo que, nas experiências com os idosos em questão, observamos a manifestação efetiva deste caráter, particularmente pela busca por novas paisagens, pessoas, costumes, bem como pelas possibilidades identificadas por eles de conhecimento, de relações interpessoais, de percepção social e de enriquecimento da sensibilidade.

Embora todos os participantes residissem em São José – SC, por este se tratar de um município vizinho ao de Florianópolis – SC (no qual três das quatro trilhas foram realizadas), muitos informaram ter parentes próximos residindo na cidade, ou mesmo já moraram nela em outras épocas de sua vida. Assim, concordando com Camargo (1986), quando afirma que a cidade onde a pessoa mora, ou que já morou, constitui-se, em escala social, no seu principal espaço turístico. Desse modo, não são apenas as viagens mais longas para outras cidades, estados ou países que podem ser consideradas atividades turísticas no lazer. O reconhecimento do próprio espaço onde as pessoas vivem, podem, inclusive, potencializar as características locais, aproximando mais o cidadão de seu município, conforme explica Melo (2004).

Isso porque, se a maioria dos idosos informou e demonstrou estar ansiosa pela descoberta dos lugares e da própria atividade, que ainda não havia sido praticada, houve também aquele que já havia participado de trilhas, como Silveira (64 anos); e aquele que reconheceu, nas trilhas, caminhos anteriormente explorados na infância, a exemplo de Moisés (75 anos). Todos, de qualquer modo, expressaram o interesse por experimentar efetivamente o local, o passeio, a aventura, o momento de estar junto aos outros em meio a natureza, aproximando-se daquilo que Trigo (2010) aponta como "turismo de experiência", isto é, um tipo de turismo que pretende marcar as pessoas profundamente, tendo em vista que, hoje, muitas delas esperam mais que uma mera pausa ou descanso. Os turistas querem *viver* as viagens, assim como os idosos em questão queriam *viver* as trilhas.

Em muitas ocasiões ouvimos os idosos referindo-se às trilhas que realizaram, ou que ainda realizariam, de diferentes formas, variando desde "caminhadas na mata", "aventuras na natureza" até "projeto de passeios". Maffesoli (2016) destaca a força do imaginário na sociedade contemporânea, isto é, a eficácia própria das ideias, a prevalência do simbólico (aquilo que sentimos, que pensamos, que representamos, que imaginamos sobre determinada coisa), indicando que, em profundidade, é ele que garante a coesão social.

Posta, então, a existência deste "caráter turístico" durante as trilhas realizadas e os sentimentos geralmente comuns entre os idosos, verificados antes de iniciá-las, partimos para a **segunda dimensão** das atividades turísticas apresentadas por Marcellino (1996), também observada no contexto das atividades de aventura na natureza aqui relatadas. Trata-se do momento da ação, isto é, da experiência propriamente dita, que, no caso deste estudo, iniciou com o deslocamento do Cati para os locais das trilhas e prosseguiu com o início efetivo delas.

A contemplação das paisagens pelas janelas do micro-ônibus e também durante a realização das trilhas caracteriza, em nosso entender, corroborando com a opinião de Marcellino (1996), um estímulo à sensibilidade. No caso das experiências que relatamos, trata-se de um estímulo à manifestação de sentimentos, à expressão de emoções, ao favorecimento de relações mais próximas consigo mesmo, com a natureza e com os outros. A seguir, analisaremos o que disseram alguns idosos, durante a entrevista, sobre os sentimentos experimentados enquanto realizavam as trilhas.

- Ah, eu observava tudo. Até uma árvore, o jeito como ela crescia, o jeito que ela enraizava, os braços dela, o tronco dela, como ela se calçava, como ela se firmava... eu estava me sentindo a própria planta, enraizada, firme, ali no chão... era assim que eu me sentia, como se eu fosse a própria árvore (Flor, 63 anos).
- Ah, só de estar ali já era uma maravilha. Aqueles lugares lindos que eu, com sessenta e oito anos na cara não

- conhecia... aquelas pessoas, uma diferente da outra... A gente fica aprendendo mais sobre a natureza, sobre as pessoas... quero mais (Gabi, 68 anos).
- Ah, deu uma sensação boa... na parte de olhar para o mar [...] minha família é toda assim, pois morávamos na beira da praia [...] eu estava dizendo para o Benício [esposo] que chega uma hora até que a gente fica delirando, que coisa boa [...] veio a minha infância todinha quando eu olhei aquele mar... (Fran, 66 anos).
- O que eu senti muito foi a preservação da natureza... a natureza muito exposta assim [...] pena que danificada pelo homem em certos momentos (Violeta, 61 anos).
- [...] nossa, foi uma experiência e tanto! Conheci até gente nova, que eu não conhecia aqui do Cati. Sem contar que agora eu posso dizer que eu fiz uma trilha, que eu nunca tinha feito... mais uma experiência na minha vida (Lírio do Campo, 69 anos).
- Sentia, na verdade, aquela vontade de conhecer as coisas e reconhecer que eu tinha condições de ter aquela experiência com as pessoas e com a própria natureza (Silveira, 64 anos).
- [...] aquelas pessoas maravilhosas, alegres, tudo conversando... aquele ambiente tão bom... um cuidando do outro... aquilo ali foi muito bom, nossa... eu me sentia muito bem... acolhida, cuidada (Xuxa, 62 anos).

Ao se reportarem aos momentos partilhados (nas conversas observadas durante as trilhas, no deslocamento até elas, durante as entrevistas ou a partir do formulário de palavras-chave), os idosos demonstraram que as atividades de que participaram não terminavam quando eram encerradas. Apesar de, muitas vezes, informarem estarem se sentindo tristes porque "o projeto estava acabando", a recordação – **terceira dimensão** das atividades turísticas no lazer apontada por Marcellino (1996) – prolongou as atividades e os motivou a refletir sobre possibilidades para continuar experimentando trilhas.

Dessa forma, ao expressar sentimentos após as trilhas e suas percepções sobre elas, incluindo as dificuldades e facilidades encontradas, alguns idosos expuseram durante a entrevista aspectos diversos, envolvendo prazer, desafios, dificuldades físicas, percepção de capacidade e vontade de "quero mais". Nas palavras deles:

- Eu gostei muito. Achei bastante interessante. Foi gradativamente aumentando o grau de dificuldade, fechando lá a trilha do Sul [trilha da Praia do Saquinho], que, para mim, foi bastante pesada, mas consegui me recuperar [senhor Benício estava acima do peso e sem praticar atividades físicas há aproximadamente seis meses] [...] durante as trilhas eu já visualizava algo mais... tanto que a gente tentou reunir o grupo para fazer mais trilhas. A vontade era sempre maior (Benício, 66 anos).
- Nossa, eu adorei. Meu Deus do céu, olha, eu estou sentindo até falta, sabias? [...] A única coisa que eu tenho medo é de altura... foi uma superação... eu contei até para as minhas filhas e elas não acreditaram (Fran, 66 anos).
- Eu achei ótimo participar daquele grupo... muito bom mesmo! Inclusive, num dia que eu vim e estava com a pressão fora do normal, mas aí... "ah, não, pode ir, pode ir"... olha, eu fiquei feliz. Feliz, feliz [neste dia, após ser monitorado por algum tempo pela técnica de Enfermagem no Cati e acompanhado durante a trilha, houve, inclusive redução da pressão arterial que inicialmente mostrava-se um pouco elevada] (Lírio do Campo, 69 anos).
- É uma forma de ver como uma pessoa depois dos sessenta anos ainda tem capacidade de fazer coisas que os novos também fazem [...] é de uma experiência vivida... missão

cumprida... fui, conseguimos... foi muito bom... de prazer! (Violeta, 61 anos).

- [...] eu estava precisando daquela vegetação, daquele ar, daquela maresia... sabe, aquela terra para pisar, aquelas pedras para botar a mão... então, assim, para mim foi demais! (Luana, 67 anos).
- [...] eu me senti muito bem [...] até a autoestima da gente melhorou porque você se sente capaz... a gente é capaz! [...] cada dia que a gente fazia a trilha, a gente ficava ansiosa para chegar a outra trilha [...] (Xuxa, 62 anos).
- Quando terminava as trilhas eu ficava triste... aí esse era um momento que eu não queria que terminasse... queria que continuasse [...] para mim, foi um sonho que não tem preço, foi maravilhoso [...] (Flor, 63 anos).
- [...] fez lembrar bastante da minha infância, que a gente foi criado em sítio e aquilo ali me lembrou muitos caminhos que a gente fazia indo para a roça, voltando para casa [...] boas lembranças (Moisés, 75 anos).
- [...] dificuldade a gente tem, porque eu sou asmática. Então, nas primeiras trilhas eu não senti nada, mas na última trilha eu senti, mas também me senti com força de vencer aquilo ali [...] Deus deu chance de a gente ir e conhecer esses lugares que eu não conheci nesses anos todos que eu moro aqui [...] tinha até aquele senhor [referindo-se à Benício], que eu pensei que não ia conseguir [...] mas, ele concluiu... velhinho teimoso, foi e voltou... e todo mundo ajudou (Dália, 63 anos).
- [...] se me convidasse agora "ah, vamos fazer uma trilha", eu largo tudo e vou... eu gosto de trilha porque a gente conhece muitas pessoas, conhece as coisas, conhece o lugar que a gente está passando... tem contato com a natureza... e a gente vai conhecendo as coisas e aprendendo mais (Rosa, 65 anos).

- Achei muito bom, muito legal [...] a gente pega mais amizade... a gente anda na natureza, convive com os bichinhos... achei o máximo! [...] (Josefa, 63 anos).
- [...] foi a melhor coisa que eu já fiz, e olha que eu fiz uma porção de coisa, heim?! [...] (Gabi, 68 anos).

Os 14 idosos foram unânimes em afirmar, durante as entrevistas, que têm interesse em continuar experimentando trilhas e que participariam se elas fossem atividades oferecidas pelo Cati. Inclusive, incentivaram que este, ou outros espaços e órgãos públicos, oportunizem atividades de aventura na natureza como as que eles experimentaram para seus momentos de lazer, considerando toda a qualidade acrescentada às suas vidas a partir das experiências que tiveram. Conforme expõem alguns deles:

- eu fiz alongamento e hidroginástica aqui [referindo-se ao Cati], mas isso aí [referindo-se às trilhas] me satisfez tão bem, que eu acho que superou ou dois juntos! (Fran, 66 anos).
- Eu acho que deve ter um órgão que se responsabilize por isso e organize para a gente poder fazer, porque eu já levantei várias possibilidades de conseguir veículo, locomoção, alguém que organizasse... então, eu vejo a necessidade, no caso aqui do Cati, de abrir espaço para que seja feito [...] nós estamos, inclusive, nos contatando para ver se a gente consegue reunir o grupo [...] há interesse que a gente volte a fazer mais trilhas [...] (Benício, 66 anos)
- [...] tenho muita vontade de participar de novo. [...] eu gostaria muito que se o Cati pudesse abraçar esse projeto para ter aqui... [...] (Luana, 67 anos).
- [...] sendo pelo CATI, é claro que a gente tem uma segurança. Então, tendo segurança, a gente está dentro (Moisés, 75 anos).

> • [...] pode contar comigo [referindo-se ao interesse em continuar participando de trilhas] porque eu estou me sentindo viva, vou me sentir mais viva ainda, mais feliz. Vou saber que eu tenho energia, que eu tenho condições de continuar vivendo (Flor, 63 anos).

Para além desses relatos, o formulário utilizado após cada trilha para os idosos escreverem três palavras-chaves que melhor retratassem a experiência vivida, revelaram quatro dimensões que abarcam os registros do diário de campo utilizado para abrir esta seção, bem como, transversalmente, os discursos dos idosos durante as entrevistas:

1. contato com a natureza (foram escritas palavras como: mar, ar puro, praia, ilha, preservação, nativo, animais, natureza etc.);
2. relacionamentos interpessoais (grupo, socialização, professores, união, ajuda, companhia, convivência, respeito, coleguismo, integração, amizade, entre outras);
3. percepções (aventura, beleza, sensacional, leve, sadio, fantástico, divertido, conhecimento, encantador, inesquecível, surpreendente, experiência, divino, incomparável, magnífico etc.);
4. emoções (alegria, prazer, paz, ajuda emocional, sossego, entre outras).

Esse formulário e as entrevistas e registros das observações revelaram que as trilhas oportunizadas a esses idosos podem efetivamente se constituir em experiências de vida com mais qualidade após os 60 anos de idade.

Esse não se trata do único caminho que pode ser seguido, tampouco significa que atividades de aventura na natureza ,como trilhas, por si só, vão proporcionar toda a qualidade necessária para a vida durante a velhice. No entanto, como atividades vivenciadas no lazer, com ou sem "caráter turístico", e considerando o direito constitucional ao lazer, defendemos que possibilidades como as aqui apresentadas sejam incentivadas em diferentes contextos brasileiros.

Reconhecemos as inúmeras dificuldades existentes e que o ambiente de apoio do Cati, da SAS/PMSJ e da Udesc foi essencial para a concretização bem-sucedida das atividades propostas. Contudo, acreditamos que a essência dessas experiências foi oportunizá-las aos idosos e fazer com que eles as reconhecessem como possibilidades de vivências no lazer: que lhes é de direito e que, se assim o é, deve ser garantido e reivindicado em suas múltiplas manifestações, haja vista o potencial de lhes proporcionar vida com mais qualidade.

Considerações finais

Defendemos o lazer e as atividades de aventura na natureza como caminhos a serem explorados quando se pensa em viver com mais qualidade após os 60 anos de idade. Os idosos, nos relatos apresentados neste capítulo, parecem querer lutar por isso, quer seja se auto-organizando, quer seja solicitando formalmente a garantia desse direito aos órgãos públicos, afinal, a "tribo" de idosos aventureiros foi formada e somente poderá ser desfeita pela própria vontade de seus membros.

Sendo assim, esperamos que os relatos sobre essas experiências, limitados no espaço disponível para este texto, contribuam para que outras sejam desenvolvidas e para que mais experiências de viver com qualidade após os 60 de idade, por meio de atividades de aventura na natureza, possam ser compartilhadas com a comunidade acadêmico-científica.

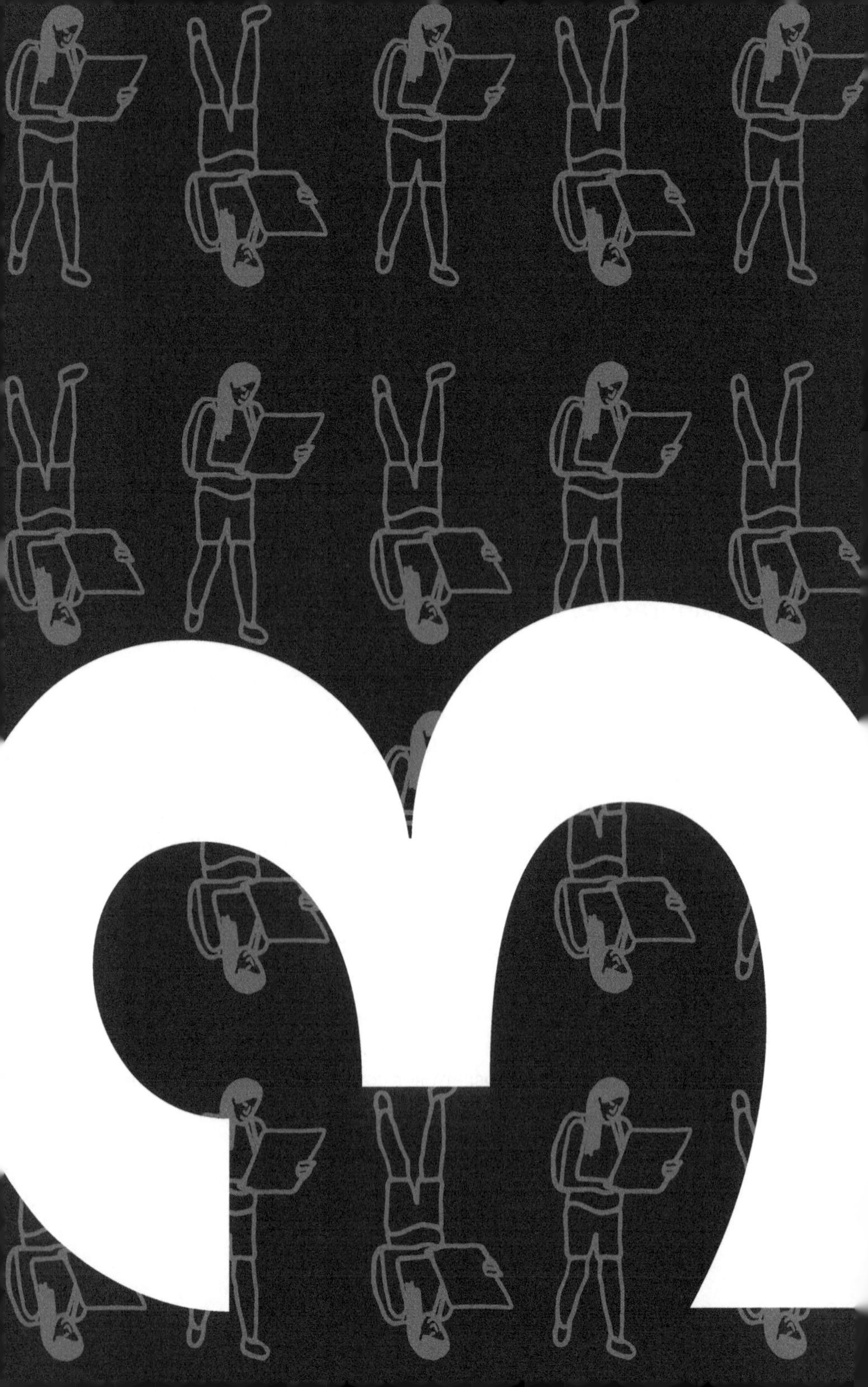

Lazer/ócio e educação em processos de participação, envolvimento e aprendizagem cotidiana

José Alfredo Oliveira Debortoli

Neste capítulo, abordaremos a relação existente entre lazer/ócio e educação. Faremos também uma relação entre esses temas e a animação (socio)cultural.

3.1 Conceitos

Para adentrarmos aos estudos que efetivamente são tema deste capítulo, devemos, antes, fazer uma prévia definição sobre termos que nos são caros aqui: animação sociocultural, animação cultural e lazer/ócio.

De acordo com Peres (2007), a *animação sociocultural* é um movimento de resistência às imposições da sociedade de consumo, que sacralizou o econômico em detrimento do social. Para o autor, devemos reconhecer e problematizar processos que provoquem consciência nas pessoas e que potencializem a transformação de suas realidades, de forma coletiva, emergindo de relações comunitárias, nas quais se revelam uma riqueza de práticas que expressam novos modos de ser e viver.

Melo (2005a, 2006a), por sua vez, define *animação cultural* como proposta que, enfatizando a arte como experiência, é capaz de produzir novas sensibilidades; trata-se, para ele, de uma alternativa de uma intervenção pedagógica capaz de provocar processos de formação de sensibilidades e novas compreensões éticas e estéticas da experiência social. O autor ainda define *mediação* como um entrelaçamento de forças capazes de provocar processos de ressignificação e produção cultural.

Por fim, definir o lazer/ócio não é uma tarefa simples, sobretudo porque os estudos acerca desse tema configuram um campo de conhecimentos (Bourdieu, 2002), com uma ampla produção de conceitos, intelectuais e debates acadêmicos – o que expressa uma grande importância histórica e científica, que precisa ser respeitada e valorizada. Por isso, pedimos licença para tratar o lazer e o ócio sem tomá-los como conceitos objetivos ou como categorias analíticas, que se apresentam como parâmetro para análise do social.

Neste capítulo, nos afastaremos respeitosamente de análises que tomam o *lazer* e a *cultura* como objetos de transmissão ou de ensino, bem como nos afastaremos de abordagens que afirmam a transparência social do lazer/ócio, operando com a dicotomia trabalho × tempo livre. Isso não significa uma desatenção sobre a importância de uma análise complexa, dialética e reflexiva da experiência social.

Consideramos fundamental relacionar o debate sobre o lazer/ócio aos temas da cidadania e dos direitos humanos, pois é dessa relação que decorre o importante sentido de *participação social*, que nos implica em uma cidadania crítica e reflexiva, capaz de uma requalificação de nossas experiências democráticas que possam promover o desenvolvimento humano.

Dessa perspectiva, emerge o sentido de problematizar o "como vivemos juntos", fortalecendo nossas relações e nossas subjetividades, ou melhor, nossas intersubjetividades. Nesse sentido, o lazer/ócio, como prática social, requer novos "olhares" para os processos de práxis humana, afirmando uma rica produção e expressão social ética e estética, cuja centralidade de sentido se revela no corpo, no jogo, na festa, na arte e no ritual.

Ainda que, correndo o risco de desvirtuar ou banalizar sentidos que vêm sendo propostos para a educação, por estudiosos do lazer/ócio, buscaremos, aqui, escapar de todo signo que evoque uma educação "para": para o lazer/ócio ou para a cidadania etc. E isso não significa operar com o social desconsiderando como ele é e desvalorizando as intervenções transformadoras necessárias.

Do ponto de vista pedagógico, embora um dos pontos de convergência do debate sobre a animação cultural seja a noção e a importância dos processos de *mediação,* em seu sentido histórico e social, enfatizaremos aqui o conceito de *aprendizagem* e as relações possíveis com a problemática do lazer/ócio. De acordo com Brandão (1981, p. 4), "não há uma única forma de educação; [...] a educação existe em mundos diversos, nos mistérios do aprender, por toda parte onde há redes e estruturas sociais".

Devemos reconhecer o lazer/ócio como experiência fundamental de nossa condição e constituição humana, pois, como prática social, o lazer constitui o sujeito em um tempo-espaço de relações sociais, cuja participação é produtiva da vida e de si mesmo, trazendo como elo de sentido o corpo, o festivo, o lúdico, problematizando caminhos possíveis para compreendermos, juntos, a riqueza de nossas experiências culturais; jamais de forma fragmentada, compensatória, meramente complementar ou instrumental.

3.2 Lazer/ócio: linguagem e corporalidade humana

Neste capítulo, como movimento teórico, tentaremos aproximar nosso discurso da epistemologia da prática, propondo relacionar a experiência cultural como prática social encarnada, na qual as pessoas não se reduzem à racionalidade de suas mentes. Enfatizar a corporalidade é também enfatizar o caráter relacional da experiência social. Por isso uma compreensão de racionalidade que não se reduz a modelos teóricos representacionistas ou que tomem o conhecimento como internalização de um mundo social fora da mente. No entanto, isso não significa um afastamento da linguagem, como enfatiza Bakhtin (1988), como eixo analítico e possibilidade de compreensão dos sentidos sociais. Mas a estrutura analítica que aqui se propõe ganha visibilidade e materialidade nas relações.

Sem a intenção de menorizar formas de expressão objetivas e instrumentais que constituem a vida e os processos de conhecimento, materializados nos ideais modernos de trabalho e ciência, vamos dar centralidade, como enfatizado anteriormente, às relações e aos processos que se expressam como corporalidade, como presença encarnada no mundo. Por isso a ênfase no corpo e na arte.

Este exercício afirma a intenção de problematizar quaisquer abordagens que reificam a noção de *lazer* como algo que emerge como contraponto às práticas sociais que instrumentalizam a produção material da vida, reiterando dicotomias como trabalho e tempo livre; ciência e arte; reflexividade e vida cotidiana; produção e consumo; entre tantas separações e oposições inventadas como signo da modernidade.

Pautados na perspectiva da *aprendizagem situada* de Lave e Wenger (1991) e de Lave (1996, 2008), que propõe focalizar as pessoas constituídas nas práticas sociais, bem como na abordagem da *antropologia da vida*, de Ingold (2000, 2011), sobre os conceitos e os modelos teóricos das Ciências Sociais, sobretudo a crítica ao caráter objetivado e representacionista da cultura e do social, devemos questionar a cultura como objeto de transmissão, problematizando as dicotomias que historicamente moldam a compreensão do social, em especial as oposições natureza-cultura, corpo-mente, individual-social.

Por isso, a fim de compreender o caráter relacional e processual da experiência social, nosso foco de atenção deve estar bas transformações que se revelam em processos cotidianos de participação social, sobretudo nas experiências lúdicas.

Ingold (2000) propõe um olhar sobre a experiência cultural como uma jornada de vida, abrindo possibilidades para compreender uma história de produção e transformação do mundo e de nós mesmos.

Por sua vez, ao problematizar o conceito de *cultura* como transmissão de representações, Bateson (1973, citado por Ingold, 1996) enfatiza que não há uma divisão do mundo entre "fora" no mundo e "dentro" na mente, e convida a uma compreensão da constituição das pessoas entrelaçadas socialmente a/em suas práticas. Assinala que, para Bateson (1973, p. 433), aprendemos porque "pousamos nos ombros de nossos antepassados", como processo de ação/interação, buscando sentido para a contribuição que cada geração dá para a próxima para além da noção de transmissão.

Com este entendimento enfatizam-se a centralidade das atividades humanas constituidas com sentido estético e artístico, se expressando em uma diversidade de relações e experiências culturais. Isso nos remete a buscar nexos de sentido nas histórias coletivas, em que pessoas e grupos sociais constituem-se em suas formas de participação social, entrelaçadas em ricos processos idetitários.

Dessa perspectiva, a consciência se constitui em um campo de relações: consciência como presença humana, como processo de *habitar* o mundo, revelando histórias de envolvimento e relação.

Ou seja, relacionar educação, lazer/ócio e animação cultural ganha sentido na interlocução com processos de aprendizagem, em seus modos de habitar o mundo, compartilhando ricos processos de produção da vida cotidiana.

3.3 Experiência e aprendizagem

Para compreender o lazer/ócio como experiência e como aprendizagem, devemos relacionar os conceitos de *engajamento prático* e *produção de sentido*. Lave e Wenger (1991) enfatizaram a importância de uma mudança de foco do indivíduo como aprendiz para a aprendizagem como participação no mundo.

No entanto, vale mencionar que a ênfase nas práticas de aprendizagem não supõe menosprezo à importância do ato de ensinar, ou mesmo do sentido de mediação. Se o ato de ensinar supõe um sentido de direção, em um campo de relações de poder, a ênfase no aprender reforça um sentido relacional; um itinerário de experiências históricas, um campo de possibilidades, uma produção inventiva e criativa da vida. Aprendemos porque, em nossos envolvimentos cotidianos, emergem possibilidades de produção de si mesmo e da vida social.

Dessa perspectiva, é natural desconfiar do entendimento de conhecimento ou de prática pedagógica como um conjunto de informações que são transmitidas da mente de um professor para a mente de um aprendiz, para que posteriormente sejam aplicadas em contextos sociais, pois, ao propor um diálogo atento à diversidade das experiências culturais em que nos constituímos, indagamos sentidos da formação humana, necessariamente articulados aos modos de organização e participação na vida social.

O conhecimento, assim compreendido, nos provoca compreender que é a prática social que faz emergir o conhecimento, que só se realiza coletivamente. E isso nos remete diretamente às experiências de produção cultural e social, como as artes cuja centralidade de sentido é o movimento. Assim, prática e compreensão, saber e fazer, saber-se e fazer-se, consciência e autonomia desdobram-se dialogicamente, requerendo a participação direta como processo de experiência e de habilitação, desafiando maneiras qualificadas (do ponto de vista relacional) de participação, relação e diálogo dentro dos contextos.

É dessa perspectiva que evocamos as experências de lazer/ócio como formas de produção da vida cotidiana. E com esse sentido, o tempo é livre porque está relacionado à consciência dos sujeitos, mas que só se realiza no espaço, que é publico. Evoca, por isso, memórias e relações, experiências cotidianas e tradições.

Uma questão importante, como destaca Farnell (1999), que estuda possibilidades expressivas do movimento humano, é que ainda temos dificuldades de relacionar empiricamente linguagem e movimento, e que nos possibilite reconhecer que formas de ação dinamicamente corporificada podem constituir conhecimento cultural digno de produção de sentido. Compreende-se que, para a referida autora, o modelo ocidental de pessoa forneceu uma concepção de mente como locus imaterial de racionalidade, constituindo o conhecimento como pensamento e linguagem. O corpo e o movimento, em oposição, foram tomados como simples mecânica, locus material da irracionalidade e do sentimento.

Nessa perspectiva, a corporalidade e o movimento não se referem a atos motores no sentido restrito: eles possibilitam nos expressarmos, como experiência estética, ética e artística. Por isso, também torna-se fundamental ir além de entedimentos deterministas que enquadram a vida e o conhecimento a objetos estáticos, passivos de disciplinas e representações. Isso é o que nos possibilita compreender, no sentido de Ingold (2000), que o movimento não está ligado ao rendimento, mas à coexistência. Nas palavras de Ingold (2000, p. 353), "A habilidade, em suma, é uma propriedade não do corpo humano individual como entidade biofísica, uma coisa em si mesma, mas do campo total de relações constituído pela presença da pessoa-organismo, indissoluvelmente corpo e mente, em um ambiente ricamente estruturado".

Nessa direção, Ingold (2011) apresenta-nos o desafio de irmos além de uma noção de *conhecimento sobre o mundo*, em direção a uma ênfase aos *processos de habitar o mundo*, elucidando sentidos de nos reconhecermos corresponsáveis pela vida, pelo outro e pelas coisas do mundo, gerando conhecimentos vivos e dinâmicos. Para o autor, devemos compreender a educação, as pessoas e os contextos em seus entrelaçamentos cotidianos e, dessa maneira, pautar o reconhecimento de sistemas culturais compartilhados.

Por isso a urgência de ultrapassar toda e qualquer perspectiva de deslocar o entendimento da corporalidade para o campo da irracionalidade e da não reflexividade. Dessa noção é que decorre a negação do lazer como produção material da vida e como antinomia ao trabalho.

3.4 Entrelaçando processos identitários, tempo e território: habitar o mundo

Temos sido provocados a interpelar o lazer trazendo consigo outras formas de percepção do tempo, do território e dos processos de produção cotidiana da vida. Temos buscado, no envolvimento cotidiano com diferentes contextos sociais, com elos de sentidos em suas práticas festivas, compreender a complexidade do lazer/ócio. Relacionamos o lazer entrelaçado aos modos de vida, que se expressam em relações e práticas sociais, nas quais o corpo, o ético e o estético pulsam e animam os ciclos da vida, entrelaçando pessoas em suas experiências culturais. Daí, mais uma vez afirmar a relação lazer e cotidiano.

Os sentidos do lazer, nesta perspectiva, emergem do envolvimento com o território, das experiências singulares e coletivas de produção da vida e dos processos identitários. As práticas e experiências culturais têm nos permitido relacionar e compreender como as pessoas em seus grupos sociais dão sentido ao tempo e ao território em que (co)habitam.

3.4.1 Confisco do tempo, cuidado e projeto poemático do ócio

Baptista (2014) usa uma abordagem Heideggeriana, no contexto das sociedades modernas, para problematizar o que pode ser nomeado de *confisco do tempo*. Para a autora, as relações e os modos de produção nas sociedades contemporâneas geram uma impossibilidade de juntar os termos *ócio* e *cotidiano*. Além disso, ela enfatiza que, nas atuais sociedades capitalistas, existe uma desapropriação do tempo: tempo objetivado, que nos desapropria de nossa própria condição humana.

Suas indagações problematizam as possibilidades de reinvestimento no tempo ocioso e nos desafiam a buscar modos de interpelar nossas relações, nossas condições de existência e o próprio sentido do tempo, dando centralidade à noção de *cuidado* como forma de conhecimento, modo de ser e viver.

Vamos analisar com um pouco mais de profundidade esse conceito de *ocupar-se* como narrativa de cuidado. Ele significa cuidado do mundo, da terra, dos outros, da arte, conferindo sentido à existência, conferindo sentido para o "ainda vir". Isso está em absoluta sintonia com o que temos observado, por exemplo, em territórios indígenas e em cotidianos dos povos quilombolas e de matriz africana. Suas temporalidades nos desafiam a uma compreensão de experiências, de sentidos e de significados elaborados na vida cotidiana.

Baptista (2014, p. 100) também enfatiza, com base no conceito de *obra* de Heidegger, um sentido de narrativa de produção da existência que se entrelaça a uma temporalidade que ao mesmo tempo que "instala o mundo, o deixa aberto", exigindo disponibilidade de envolvimento e proximidade. Requer, pois, um outro ritmo, e nos desafia a desconfiar do nosso falatório cotidiano, da avidez de novidade, da velocidade, do isolamento. Nos provoca retomar a centralidade dos processos simples de produção, a partir da terra; o que nos exige preparação, esforço, dedicação; exige modificar a nossa relação com o tempo. A essas experiências de relação, Baptista (2014) nomeia *projeto poemático do ócio*, que, segundo ela, é capaz de gerar condições educativas que nos aproximam mais da humanidade do ser humano.

3.4.2 Experiências cotidianas de qualidade de vida

Tomando por base o entrelaçamento das noções de *tempo* e *território*, podemos ainda permear a problemática dos processos de "habitar o mundo". Mais uma vez, vamos retomar o sentido de participação e engajamento na vida cotidiana como caminho de reflexividade e consciência, enfatizando seu sentido ético, estético e, fundamentalmente, político.

Para Ingold (2000), existe uma urgência de recuperar a noção e os sentidos da *arte* como processo relacional de fabricação do mundo, do ritual (como caminho de narrativa, como aquilo que ao se expressar no cotidiano, conta sua história) e do festivo e do sagrado (como vínculo do coletivo, como expressão de subjetividades entrelaçadas às pessoas ao mundo), uma vez que, por meio da Arte, nos aproximamos das práticas humanas como força geradora de sentidos, revelando modos de existência.

Ingold (2011), em diálogo com a geógrafa Doreen Massey, também problematiza a dicotomia tempo-espaço, que nas sociedades modernas, segundo Massey (2005), emergiu fruto de uma divisão espacial do trabalho. Destaca que a noção de *espaço*, historicamente, absorveu sentido como desdobramento material predeterminado, seja pelas condições ambientais, seja pelas estruturas simbólicas de representação. Nosso desafio seria encontrar relações e processos em que emerge uma noção de tempo-espaço como elo de compreensão de um mundo em incessante movimento e devir, que nunca está completo, em contínua construção, tecido a partir do entrelaçamento vivo de pessoas e coisas, humanos e não humanos, costurando seus caminhos através de um emaranhado de relações.

Ainda de acordo com Ingold (2010), devemos dar atenção à extraordinária diversidade de caminhos da vida humana, das formas de participação e engajamento no ambiente. O autor, pautado, também, em um sentido fenomenológico, de inspiração Heideggeriana, parte do princípio de que as pessoas não apenas existem ou representam o mundo, elas acontecem; não apenas ocupam espaço: elas o habitam. Constituem-se como fenômeno histórico-relacional. Não de uma forma predeterminada por atributos do passado, mas pelos entrelaçamentos cotidianos, onde se abre a possibilidade de apropriação e consciência dos caminhos de onde vieram e para onde estão indo.

Ingold (2000, p. 219), em diálogo com o pensamento de Merleau-Ponty, nos provoca o entendimento do "conhecer" como uma jornada em um caminho de vida, uma relação direta com a superfície do mundo, com todos e com tudo ao redor, entrelaçando envolvimento e consciência, ação prática e reflexão: "Conhecer é roçar a superfície do mundo". Não é, pois, questão de tomar consciência do mundo apenas de uma localização externa a ele, onde primeiro é necessário afastar-se do mundo, para configurá-lo na mente a partir de exercícios de classificação e construção de categorias estáveis. Mas pela diversidade de modos compartilhados de "habitar" o mundo.

Sua crítica direciona-se a um modo de perceber o "espaço" onde as coisas estão fixas (ou fixadas previamente), separadas do movimento que as trouxeram até ali, como se fosse possível uma ideia de espaço sem vida, que, para trazê-lo à vida, celebrar-se-ia o tempo como aquilo que anima o movimento do devir criativo. Rejeita um tipo de dicotomização que supõe o espaço como uma concha vazia, como o negativo do tempo. Convida-nos pensar o espaço-tempo como processo de habitar o mundo, domínio da copresença, onde vidas se prendem umas às outras em seus respectivos caminhos.

A experiência social não é, assim, um desdobramento linear de uma única história. Mas uma série de diferentes histórias que correm uma ao lado da outra. Ingold (2000) chama a atenção para o "chão comum", tocado por nossos pés, capaz de gerar horizontes, deixando trilhas conforme a vida de cada um se vincula à do outro. Só a imersão no mundo e o vínculo entre pessoas e coisas é o que torna o mundo habitado e habitável.

Por isso é necessário ir além de uma compreensão estratificada da realidade, em uma modernidade que nos impõe viajar cada vez em mais alta velocidade, e gera uma dissociação tempo e espaço. O conhecimento repousa na confluência de ações e de respostas, sobretudo pelas memórias que evoca. Conhecer é participar da narrativa de histórias.

Por isso, Ingold (2011) enfatiza que conhecemos e nos constituímos à medida que prosseguimos atravessando juntos o mundo. O espaço não é um recipiente de pessoas, assim como as pessoas não podem ser vistas como recipientes para os elementos da tradição transmitida por representações, sistemas de conceitos e categorias. Prática e reflexividade desdobram-se dialogicamente, requerendo a participação direta como processo de experiência, de habilitação e de tomada de consciência.

Isso nos desafia pensar nossas experiências cotidianas e a qualidade de vida, afetando e afetadas pelas interações humanas, e desconfiar dos signos da modernidade como únicos elos de sentido. Por isso, também, devemos nos colocar o desafio de ir ao encontro de modos de viver que abram caminhos de compreensão de diferentes formas de relação com o ambiente e com as pessoas, gerando práticas sociais e outras experiências culturais igualmente complexas e ricas de sentido, trazendo outras formas de percepção do tempo, do território e dos processos de produção cotidiana da vida.

Compartilhar *modos de ser e viver* é um modo de dar início a reflexões pertinentes à importância do envolvimento com o ambiente, constituindo uma gama de práticas, processos de engajamento e partilhas históricas em seus territórios. Como sabemos, na corporalidade e no festivo, entrelaçam-se memórias compartilhadas, lembranças vividas e compartilhadas, revividas e ritualizadas. Dessa perspectiva, também, emerge a possibilidade de indagarmos ricos processos de produção ética e estética da vida social.

Devemos compreender a temporalidade da vida como um processo que nos impõe a consciência e a constatação de que não temos o controle de tudo e, por isso, precisamos aprender a conversar com a vida. Assim como, quando crianças, precisamos aprender a nos equilibrar, andar, escrever, ler, compreender o mundo que nos cerca.

Sabemos que, nos signos da modernidade, como assinala Sarlo (2000), projetamos uma ideia de juventude como um ideal: sinônimo de potente, produtivo, eficiente, veloz, saudável. Observamos que o próprio mundo vai se tornando mero acessório dispensável. Este contraponto é o que nos possibilita problematizar, em um modelo social urbano-capitalista, transformações materiais em nossas cidades que desfazem e refazem a paisagem do mundo, suas técnicas e relações, e reproduz cotidianamente um bombardeio de informações e imagens que enfraquecem nossos sentidos, nossa atenção ao mundo, aos outros, ao ambiente, fragilizando nossa imaginação, nossos sonhos e esperanças.

Ao indagar sentidos para a relação lazer e educação provoco reconhecer que as relações com o mundo se transformam e nos transformamos junto com elas, nos convocando a nos tornar, a cada dia, mais atentos ao mundo, às pessoas, às coisas e a nós mesmos. Nossa integridade implica-nos compreender nossa inequívoca condição relacional. Não somos individualidades isoladas e fragmentadas no e do mundo. Somos processos de individuação justamente porque somos nossas relações, no sentido proposto por Gilbert Simondon (2015), com tudo e com todos que nos envolvem, compondo-nos junto com o mundo.

Pensar nas transformações do espaço-tempo é também problematizar a própria condição humana como processo de engajamento na textura da vida e entrelaçamento em uma história comum. Como nos lembra Todorov (1999), o autoritarismo e nasce do isolamento dos sujeitos, e é a relação com o outro o que nos convida à consciência e à ampliação de nossos olhares e formas de participação no mundo.

Essa provocação vem no sentido de nos desafiar a repensar a centralidade que atribuímos aos conhecimentos que nos convidam a uma vida coletiva, livre porque compartilhada de forma produtiva de si mesmo e do mundo, e ética, traçando caminhos que nos habilitam a responder, juntos, aos desafios de habitar um mundo (em)comum, sobretudo o desafio de atenção e cuidado com o mundo.

Considerações finais

Ao propor uma reflexão sobre sentidos para a relação lazer/ócio e educação, enfatizamos a poesia de estarmos vivos e juntos, entrelaçados na produção compartilhada de nossas experiências culturais, em permanente movimento, transformando-nos a cada dia. Uma vez sensíveis e atentos a um mundo em transformação, esse mundo requer de nós o aprendizado do cuidado, da atenção, da sensibilidade, da responsabilidade; em outras palavras, da sabedoria para ampliarmos nossas aprendizagens e formas de participação.

Por isso a importância de enfatizar o lazer/ócio como prática social, constituindo narrativas compartilhadas da vida, produção de sentido; um campo de possibilidade de amplificar nossos sistemas de relações e de interações: de participação social e cidadania como vínculo íntegro e digno, na direção da concretização de direitos sociais. Assim, nas partilhas cotidianas revelam-se modos de participação enraizados em uma história e em um território comum, que entrelaçam tempo e espaço, sujeito e experiência comunitária, cotidiano e tradição.

Problematizar o lazer/ócio nos convida, assim, ao envolvimento e ao reconhecimento de cotidianos festivos, corpóreos, produtivos da vida e das relações. Nas histórias de participação, produzimo-nos com sentido e consciência, entrelaçados a uma experiência cotidiana que nos convida à reflexão, potencializando que pessoas se reconheçam, na participação e no diálogo, em experiências comuns: uma história de aprendizagens e experiências culturais.

Devemos entender o lazer/ócio nos fluxos da vida, atentos a uma unidade entre natureza e cultura, entrelaçando ambiente, corpo, percepção, relações sociais, experiências culturais e aprendizagem; revelando a riqueza de compreendermos o lazer como uma experiência capaz de entrelaçar o tempo e o território, em uma diversidade ética e estética de modos coletivos e compartilhados de ser e viver.

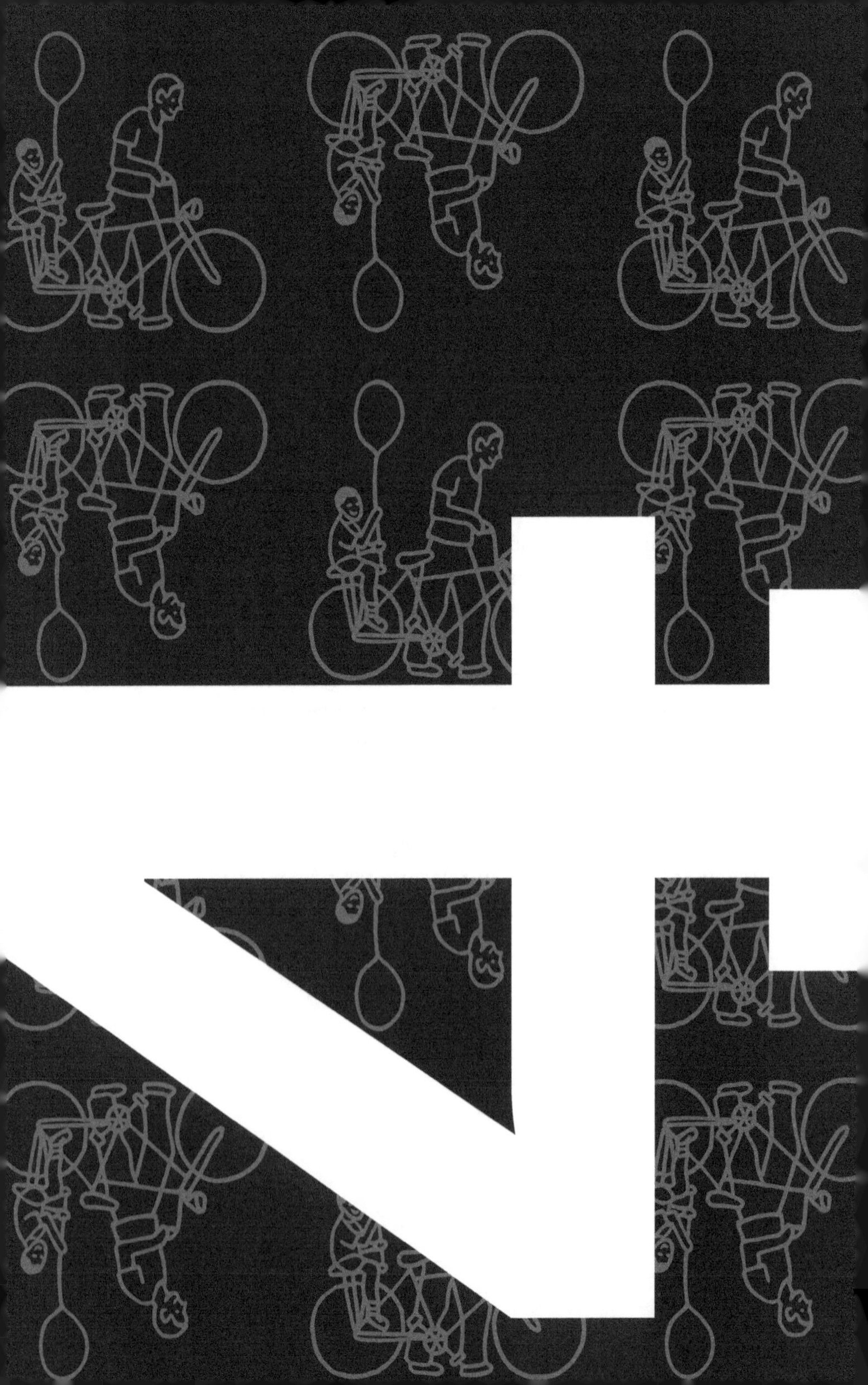

Lazer e promoção da saúde: conexões com um estilo de vida saudável

Joel Saraiva Ferreira
Ricardo Ricci Uvinha

A Declaração Universal dos Direitos Humanos, promulgada em 1948 pela Organização das Nações Unidas, reconhece em seus arts. 24 e 27 a importância da ocorrência do lazer para o direito de cidadania e como elemento fundamental para o desenvolvimento pessoal e social. A literatura acadêmica em estudos do lazer converge no reconhecimento do fato de que a cultura desempenha um papel central no entendimento desta esfera social, seja qual for o contexto em que é encontrada.

Para colaborar com as discussões em torno do assunto, o presente capítulo foi elaborado e envolve dois componentes: lazer e promoção da saúde, que representam individualmente importantes áreas de investigação com as quais a profissão de Educação Física tem proximidade. Por isso, parece-nos coerente delinear as características de cada um desses componentes, para que posteriormente se discuta sua interface. Nesse caso, a opção foi pela apresentação prévia da promoção da saúde, para que posteriormente o lazer se integre à discussão em torno de um estilo de vida saudável.

4.1 Atividade física e promoção da saúde

Partindo do pressuposto de que é necessário compreender o conceito de *saúde* antes de promovê-la, destacamos uma forma de diferenciação dos inúmeros modos como esse assunto vem sendo definido e conceituado, seja na literatura acadêmica ou por organismos governamentais. Para tanto, é possível dicotomizar a compreensão conceitual de saúde, distinguindo-a em uma forma restrita ou uma perspectiva ampliada.

Quando se aponta para um conceito restrito de saúde, o destaque é sempre para um elemento biológico como fator determinante do estado em que essa pessoa está (Batistella, 2007). Nesse caso, somente os aspectos físicos são considerados suficientes para validar um diagnóstico de condição saudável ou de adoecimento. Para atender às demandas de saúde decorrentes dessa compreensão restrita do processo saúde-doença, sobressai a atuação do profissional médico, tendo em vista que pessoas que compactuam de tal concepção, em geral, somente buscam alguma forma de atenção à própria saúde quando se encontram acometidas por doenças ou agravos. Nesse contexto, consolidou-se historicamente um modelo médico-hegemônico de assistência à saúde, que apesar dos debates atuais apontarem outras possibilidades, ainda se mostra sólido, seja na perspectiva individual ou coletiva.

Por outro lado, um conceito ampliado de *saúde* não valoriza um único elemento, pois engloba componentes biológicos, psicológicos, sociais e ambientais, permitindo, assim, uma visão holística do conceito desse tema (Almeida Filho, 2011). Com isso, diversificam-se as formas de intervenção junto à população, incluindo a assistência, a prevenção de doenças e a promoção da saúde.

Nesse sentido, também são ampliadas as profissões com potencial para intervir junto às pessoas que buscam melhores condições de saúde, inclusive fortalecendo a proposta de intervenções multiprofissionais, visando o bem-estar da população. Vale destacar que o componente ambiental se refere muito mais ao contexto em que as pessoas vivem do que aos aspectos da ecologia. Além disso, há um importante avanço ao incluir o componente ambiental no conceito de saúde, pois assim passa a vigorar uma compreensão de que a condição de saúde de uma pessoa não depende exclusivamente dela própria, mas sim de um compartilhamento de responsabilidade entre as opções pessoais (estilo de vida) e a disponibilidade de ações e serviços (políticas públicas) em um dado local (ambiente).

O processo de transição do conceito restrito para um conceito ampliado de saúde pode ser considerado bastante recente no contexto das políticas públicas (Ferreira, 2016). Muitos foram os fatores influenciadores desse processo, mas o perfil epidemiológico foi, sem dúvida, um elemento determinante, uma vez que as doenças infecto-parasitárias representaram a principal causa de adoecimento e morte da população mundial durante muitos séculos. Sob tais circunstâncias, a percepção de saúde pelo prisma biologicista foi naturalmente aceito e considerado pertinente para compreender as demandas da sociedade no campo da saúde individual e coletiva. No entanto, no final do século XX, as doenças e agravos não transmissíveis passaram ter maior frequência de morbidade e mortalidade na população, o que gerou novas discussões em torno dos elementos capazes de alterar o processo saúde-doença, provocando, assim, uma adequação na concepção de saúde, no sentido de ampliá-la (Duarte; Barreto, 2012).

Veja, na Figura 4.1, os aspectos relacionados aos conceitos restrito e ampliado de saúde, sendo que deste ponto em diante adotaremos uma compreensão ampliada de saúde, aqui definida como uma condição influenciada por aspectos biológicos, psicológicos, sociais e ambientais, capazes de atuar sobre fatores determinantes e condicionantes do estado de saúde de um indivíduo.

FIGURA 4.1 – ASPECTOS QUE COMPÕEM OS CONCEITOS RESTRITO E AMPLIADO DE SAÚDE

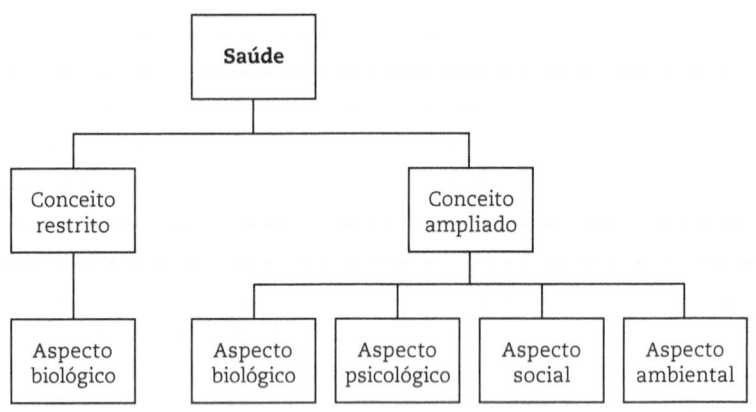

```
                        Saúde
                          |
          ┌───────────────┴───────────────┐
      Conceito                        Conceito
      restrito                        ampliado
          |                               |
          |         ┌──────────┬──────────┼──────────┬──────────┐
      Aspecto    Aspecto    Aspecto    Aspecto    Aspecto    Aspecto
      biológico  biológico  psicológico social    ambiental
```

Simultaneamente à ampliação do conceito de *saúde*, expandiu-se a forma como as ações e serviços voltados ao bem-estar da população passaram a ser disponibilizados. Na primeira metade do século XX, os médicos norte-americanos Leavell e Clark popularizaram a medicina preventiva baseada na concepção da história natural da doença, a partir da qual os profissionais de saúde (especialmente os médicos) poderiam atuar não mais apenas no período clínico com as pessoas já acometidas por doenças, mas também no período pré-clínico, quando ainda estariam expostas a determinados fatores de risco modificáveis por meio de intervenções médicas (Czeresnia; Maciel; Oviedo, 2013).

Já na segunda metade do século XX, ganhou espaço a discussão em torno da promoção da saúde, iniciada de forma mais sistematizada com o governo canadense, que considerou a existência dos determinantes sociais da saúde culminando com a distinção do campo da saúde em quatro componentes: biologia humana, ambiente, estilo de vida, organização dos serviços de saúde (Ferreira, 2016).

A partir de então, a promoção da saúde passou a ser compreendida como um amplo conjunto de ações destinadas à melhora dos fatores que interferem na saúde e na qualidade de vida das pessoas e das comunidades. Com essa definição, a promoção da saúde se difere de outras formas de atenção à saúde da população, uma vez que a centralidade das intervenções não está na doença, mas sim nas pessoas.

Não tardou para que inúmeros governos, de diferentes continentes, passassem a se aproximar da proposta de promoção da saúde, buscando melhor compreendê-la, especialmente quanto às suas vantagens em relação aos modelos médico-hegemônicos vigentes. O Brasil foi um dos países que passou a flertar com a ideia de ações e serviços direcionados à promoção da saúde, como uma alternativa a ser incorporada nas políticas públicas do país. Essa aproximação ocorreu de forma mais explícita durante o período de redemocratização do país, após o governo militar de 1964 a 1985, por meio do movimento denominado *Reforma Sanitária*, o qual passou a envolver profissionais de saúde, movimentos sociais e lideranças políticas em torno de profundas discussões direcionadas à proposta de ampliação das políticas públicas de saúde destinadas aos brasileiros.

Foi nesse contexto que o Sistema Único de Saúde (SUS) foi criado, a partir da Constituição Federal de 1988. Na sequência, a legislação que regulamentou o SUS, especialmente a Lei n. 8.080, de 19 de setembro de 1990, a Lei n. 8.142, de 28 de dezembro de 1990, e o Decreto n. 7.508, de 28 de junho de 2011, explicitaram o compromisso do governo brasileiro em oferecer condições para que a população tenha acesso a ações e serviços voltados à promoção, à proteção e à recuperação da saúde. A consolidação desse compromisso ocorreu no ano de 2006, quando foi publicada a Política Nacional de Promoção da Saúde (PNPS), a qual foi revisada no ano de 2015, mas manteve a essência daquilo que é considerado relevante para promover a saúde da população brasileira (Brasil, 2015).

Dentre os componentes considerados relevantes, podem ser destacadas algumas expressões frequentemente mencionadas no contexto das políticas de promoção da saúde. Nesse sentido, em iniciativas que almejem a promoção da saúde da população, espera-se que haja:

a. aumento do empoderamento da população, aqui compreendido como ações que desenvolvem autonomia nas pessoas, para que sejam capazes de tomar decisões informadas;
b. aumento das políticas indutoras, percebidas como ações governamentais capazes de colaborar de modo efetivo para o bem-estar da população;
c. diminuição da culpabilização da vítima, que são as situações em que alguém passa por um processo danoso e, mesmo assim, é considerado responsável pela situação, mesmo sem ter autonomia para responder pela autoria dos fatos ou atitudes causadores daquela determinada situação.

De volta ao ponto de vista governamental, exposto na PNPS, foram elencados oito temas prioritários para que a promoção da saúde seja efetivamente conquistada pela população, por meio de ações e serviços de iniciativa do poder público ou decorrentes de suas parcerias com outras instituições (Brasil, 2015).

A prática de atividades físicas é um desses temas prioritários, o qual foi selecionado porque detém relação direta com fatores de risco para o conjunto das doenças crônicas não transmissíveis (DCNT), já mencionado como principal causa de morbidade e mortalidade da população brasileira no século XXI. Nesse caso, o fator de risco é a inatividade física da população brasileira, já identificada como elevada e com potencial risco para a saúde das pessoas em todos os ciclos de vida.

Para fins conceituais, as *atividades físicas* são compreendidas como o conjunto de ações motoras realizadas pela musculatura esquelética, com gasto energético maior que os níveis de repouso. De forma mais específica, a definição de *exercícios físicos* inclui apenas as atividades motoras realizadas de forma sistematizada, repetitiva e com o objetivo de melhorar ou manter a aptidão física. Por sua vez, a *aptidão física* diz respeito a um conjunto de atributos, relacionados à performance ou à saúde, que cada indivíduo possui, e está diretamente ligada à prática de exercícios físicos (Caspersen; Powell; Christenson, 1985).

Já a *inatividade física* é uma característica atribuída às pessoas que não praticam atividades físicas de intensidade moderada ou vigorosa regularmente. De forma mais objetiva, foram estabelecidos alguns pontos de corte para determinar predicados vinculados ao aspecto mencionado (Dumith, 2010):

- **Indivíduos inativos** fisicamente são aqueles que não realizam nenhuma atividade física de intensidade moderada ou vigorosa de forma regular em seu cotidiano;
- **Insuficientemente ativos** são aqueles que realizam regularmente entre 1 e 149 minutos por semana de atividades físicas de intensidade moderada ou vigorosa;
- **Ativos fisicamente** realizam habitualmente ao menos 150 minutos semanais de atividades físicas de intensidade moderada ou vigorosa.

Consideramos a seguir quatro domínios da prática da atividade física, tal como exposto na Figura 4.2.

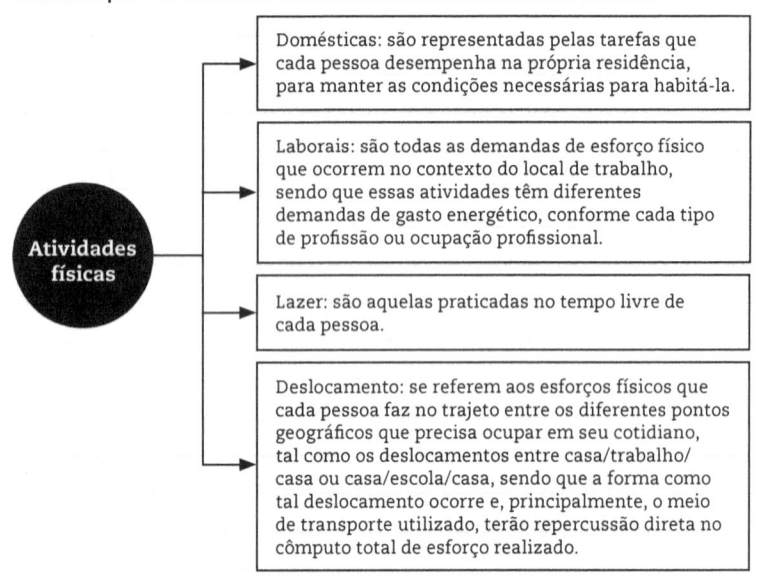

Figura 4.2 – Domínios da prática de atividades físicas

Atividades físicas:

- Domésticas: são representadas pelas tarefas que cada pessoa desempenha na própria residência, para manter as condições necessárias para habitá-la.

- Laborais: são todas as demandas de esforço físico que ocorrem no contexto do local de trabalho, sendo que essas atividades têm diferentes demandas de gasto energético, conforme cada tipo de profissão ou ocupação profissional.

- Lazer: são aquelas praticadas no tempo livre de cada pessoa.

- Deslocamento: se referem aos esforços físicos que cada pessoa faz no trajeto entre os diferentes pontos geográficos que precisa ocupar em seu cotidiano, tal como os deslocamentos entre casa/trabalho/casa ou casa/escola/casa, sendo que a forma como tal deslocamento ocorre e, principalmente, o meio de transporte utilizado, terão repercussão direta no cômputo total de esforço realizado.

4.2 Lazer, atividade física e estilo de vida saudável

Diferentes áreas de conhecimento contribuem para os estudos do lazer, como educação física, turismo, artes plásticas, artes cênicas, terapia ocupacional, ciências sociais, entre outras.

No contexto das destacadas áreas, é proeminente o papel da educação física aos estudos do lazer no nosso país, pois a liderança exercida por profissionais de educação física nos mais importantes eventos temáticos ao lazer, como o Congresso Brasileiro de Estudos do Lazer (CBEL) e o Encontro Nacional de Recreação e Lazer (Enarel), dá uma clara medida sobre tal fato. Ainda que a recreação, geralmente entendida como "parte ativa" do lazer, possa sugerir ainda uma atividade demasiadamente centrada em interesses físico-esportivos e com intervenção exclusiva do profissional de educação física (Uvinha, 2009), a preocupação em entender o lazer e a recreação com um tratamento transdisciplinar, envolvendo um amplo conjunto de áreas de conhecimento, se faz absolutamente necessária pelo amplo espectro de abordagem que envolve tal segmento.

Denotam-se evidências de pesquisa que comprovam a contribuição do lazer para a qualidade de vida das populações nos diferentes contextos. As mais distintas formas de expressão pela arte, dança, música, religião, vestuário, linguajar, prática esportiva e gastronomia denotam e celebram identidades individuais e coletivas (Uvinha et al., 2017).

É comum encontrarmos no Brasil, em nível de senso comum, o lazer como uma espécie de válvula de escape na sociedade, situação encontrada com seu desenvolvimento dentro dos valores das abordagens funcionalistas. Isso ocorre porque ainda persiste na sociedade um sentimento de que lazer é algo supérfluo perante às demais necessidades. Nesse entendimento equivocado, as pessoas deveriam, primeiramente, terem satisfeitos aspectos como saúde, alimentação e habitação para somente então abordar os problemas relativos ao lazer (Uvinha; Stoppa, 2016).

Ainda de acordo com tal fonte, as transformações que ocorreram ao longo do processo histórico da sociedade refletiram em diversas mudanças nos hábitos de lazer, no trabalho, na economia, na educação, na cultura e na arte. Se todos esses elementos fossem pensados de forma estanque não seria possível alcançar uma compreensão mais abrangente sobre a importância e o significado que cada área possui para a sociedade. Nesse sentido, para entendermos a questão do lazer no Brasil, é necessário discutir sua relação com as demais esferas da vida social e com o período histórico em que ele está inserido, uma vez que tal situação mostra as diversas transformações que ocorreram no lazer.

Entender o lazer ligado às concepções funcionalistas em suas várias nuances é entendê-lo como instrumento que ajudaria as pessoas a conviver com as alienações e injustiças ocorridas em nossa sociedade. Esse entendimento é gerador da incompetência e estimulador da não participação cultural, pois as abordagens funcionalistas colaboram para a manutenção da situação vigente. Refutar tal tendência seria considerar o lazer como uma esfera de destaque para a vivência de valores que contribuam para alterações sociais significativas tanto de ordem moral como cultural (Uvinha; Stoppa, 2017).

No âmbito das teorias clássicas de abordagem teórica do lazer merece destaque o trabalho de Dumazedier (1980b) ao classificar os chamados conteúdos culturais do lazer em cinco áreas: artísticos, intelectuais, físico-esportivos, manuais e sociais. De acordo com a abordagem do autor, tais áreas possuem claro potencial de interação sendo aqui separados com o intuito de facilitar tanto o planejamento de atividades de lazer como a realização de pesquisas temáticas. Destaca-se aqui que os interesses físico-esportivos se configuram como uma das possibilidades, permitindo um espaço de ocorrência para outras diversas manifestações no lazer que não se limitam somente às suas relações com a atividade física.

Além dos conteúdos descritos, o lazer pode ser vivenciado por meio da não atividade, ou seja, do ócio, desde que entendido como uma escolha no tempo disponível, embora essa possibilidade seja em nossa sociedade muito pouco valorizada. O oposto dessa situação prioriza a *performance*, o produto final, e não o processo de criação que dá sentido e colabora com o desenvolvimento dos indivíduos. Isso na maioria das vezes ocorre devido à sensação de tempo perdido relacionado a esse momento, a partir do entendimento restrito do lazer, ou seja, associando-o apenas à prática de alguma atividade, esquecendo ou desconhecendo as suas demais possibilidades de vivência (Uvinha; Stoppa, 2017).

Porém, ainda de acordo com os autores, para que se consiga atingir o ser humano de modo integral é necessário que os conteúdos do lazer sejam conhecidos pelas pessoas, incentivando a participação nos diversos interesses da destacada classificação. Assim, a participação está diretamente ligada à informação e é importante lembrar a forma como essa participação deve ser considerada, uma vez que o exercício crítico e criativo do lazer é um fator a ser buscado por meio dessa participação.

Atrelada à tais discussões, é importante lembrar que a questão da atividade e passividade é geralmente relacionada somente com a prática e o consumo respectivamente, ocasionando grandes equívocos. Assim colocado, todo o "fazer" estaria associado à atividade enquanto o "assistir" se relacionaria à passividade. Porém, o que determinaria o indivíduo como ativo ou passivo não seria a sua atividade mas a maneira como se processaria a participação na atividade de lazer. Deste modo, a classificação "ativo/passivo" poderia ser encontrada nos três gêneros já detalhados.

Assim, o que determinaria essa classificação "ativo/passivo" seriam os níveis de participação que, de acordo com Dumazedier (1980a), podem ser classificados em elementar ou conformista, médio ou crítico e superior ou criativo. Desse modo, é de se esperar que as pessoas realizem as vivências de lazer em seu tempo disponível de modo não conformista, mas crítico e criativo. Porém essa situação não ocorre, na maioria das vezes, de forma espontânea e nesse sentido faz-se necessário o desenvolvimento de ações por parte de profissionais da área do lazer que venham a orientar e estimular a participação das pessoas dentro dos seis interesses culturais do lazer, nos três gêneros, buscando levar as pessoas a ultrapassarem os níveis, de possivelmente conformista para crítico e criativo.

Isso se aplica por exemplo na própria atividade física. O lazer pode se relacionar à tal dimensão pelo aspecto da prática de atividades das mais variadas (corrida, esportes diversos, ginásticas) como pelo consumo/assistência (em locais das partidas esportivas ou ainda por meio da mídia de massa, enquanto adepto de uma ou outra modalidade esportiva ou ainda um membro de torcida).

Considerações finais

Neste capítulo, defendemos que a prática de atividades físicas se relaciona de forma direta com o campo da promoção da saúde, uma vez que o estilo de vida adotado interfere na condição geral de saúde das pessoas e das coletividades, confirmando-se novamente uma perspectiva ampliada de saúde para abordar o assunto. Mas é preciso ainda distinguir os diferentes contextos em que as atividades físicas são praticadas no cotidiano das pessoas e das coletividades e o lazer expressa uma destas importantes possibilidades.

Para além do âmbito do consumo, o lazer deveria ser entendido como um elemento fundamental para a qualidade de vida do cidadão, já que tais atividades, no geral, favorecem a saúde e bem-estar das pessoas, por proporcionarem momentos de descontração, alegria, convívio social, e mesmo cuidados com o corpo, por meio das atividades físicas.

5

Lazer e esporte: apontamentos sobre as produções culturais no/do futebol

Mauro Myskiw
Silvio Ricardo da Silva

Neste capítulo, vamos abordar as relações entre lazer e esporte, em especial as práticas de futebol espetacularizado e o não espetacularizado, em diferentes contextos (nos campos/quadras, nos bares e nos estádios).

Inicialmente, é válido mencionar que as possibilidades e as perspectivas de compreensão dessas relações são bastante diversas, cada uma delas apontando para aprofundamentos relevantes para os estudos do lazer, mas, tendo em vista as limitações do texto e, fundamentalmente, as trajetórias de estudos e pesquisas dos autores nos grupos de pesquisas, optamos pelo desenvolvimento da argumentação na interface com questões da cultura popular e cotidiana.

Trazer o lazer esportivo como cultura popular-cotidiana significa tomá-lo como um universo simbólico, materializado em diferentes arranjos de redes de sociabilidades que se apropriam de espaços e de equipamentos, que guarda singularidades – várias delas justamente pelas imbricações ou hibridismos que produz, misturando questões, conceitos, categorias que fora dali seriam pouco prováveis de serem observados.

Não seria surpresa, por exemplo, em uma experiência de lazer esportivo numa rodada de uma competição, as práticas de divertimentos envolverem, simultaneamente, preocupações extremas com a disciplina (atitudes de condescendência), exercícios corporais exacerbados de inconformidade sobre as interpretações acerca dos usos do corpo nas disputas (atitudes de questionamentos, até mesmo de ameaças ríspidas) e, ainda, boas risadas, jocosidades diversas entre os participantes (colegas ou adversários), tudo sem que isso opere como uma heresia, mas algo que – paradoxalmente – faz parte. Fora do lazer certamente seria mais difícil encontrar esse tipo de misturas e flutuações.

Esse é um primeiro exemplo para pontuarmos os lazeres esportivos como momentos da vida cotidiana, engendrados a partir de diferentes significados (diversão, reposição de energias, reequilíbrio psicológico, saúde, aventura, resistência social etc.) ou sobreposições destes.

5.1 Momento de lazer

Denominamos *momento de lazer* aquela situação cotidiana na qual nos encontramos em uma condição sociocultural relativamente liminar dada a possibilidades de intermediações e hibridismos. Nessa direção, inspirados na obra *Festa no pedaço: cultura popular e lazer na cidade*, de Magnani (2003), podemos dizer que, no lazer, não estaríamos nem no universo mais íntimo/privado (a casa), nem no mais impessoal/público da vida (rua), mas exatamente no "pedaço", um lugar intermediário entre a casa e a rua. Estar no lazer – ou em uma determinada rede de sociabilidade de lazer – significa, portanto, localizar-se simbólico e emocionalmente entre lugares, operando não necessariamente distanciamentos, mas outras produções culturais.

Queremos afirmar, com isso, que estar no lazer não significa distanciar-se da vida pública/impessoal ou da vida privada/íntima, mas de compor produções culturais que possibilitem misturas, outros arranjos, outras experiências na relação com outras questões da vida cotidiana. Seria o caso, aqui, de resgatar a imagem do trabalhador que sai de seu espaço-tempo de trabalho (mais impessoal/público) e, antes de chegar à sua casa (espaço-tempo mais íntimo/privado), passa no bar da esquina, onde se consolida, por alguns minutos no cotidiano da vida, outra rede de sociabilidade. Ali, conversando com seus pares, em uma perspectiva de lazer, entre os consumos típicos daquele estabelecimento, misturam, sem nenhum problema, assuntos sérios da vida (trabalho, emprego, família, saúde, educação, economia; aqueles que têm impacto muito direto nas formas de viver) e questões consideradas banais (comentários sobre filmes, novelas, jogos de futebol; aqueles que não teriam impacto decisivos/diretos nos modos de vida).

A situação do bar é, também, de lazer esportivo. Sua imagem expressa bem esse lugar intermediário-liminar ("entre") das práticas culturais que são constituídas nesse universo singular. Não estamos, portanto, tratando de um ritual de passagem em termos de *status*, da maneira como Turner (1974) descreve, quando menciona que a condição de liminaridade implica sujeitos destituídos de suas posições anteriores e ainda não possuidores de novas posições sociais. Nos momentos de lazeres que abordamos aqui, nas suas mais diversas configurações (e cada vez mais dinâmicas), os envolvidos vivenciam a experiência de liminaridade e retomam suas vidas públicas/impessoais e privadas/íntimas, de modo que há um caráter de efemeridade, mas que não significa dizer que aquilo que acontece no lazer deixa de produzir aprendizagens, inculcação de valores que ressoam sobre suas vidas sociais, que criam vínculos de pertencimentos. Seja na prática do esporte e/ou nas práticas de assistência esportiva, muitas vezes aquilo que acontece nos lazeres é tomado como bastante sério, sobretudo quando tem implicações para além do momento demarcado pelos tempos, espaços, equipamentos e redes de sociabilidades particulares.

Mas não é essa questão da seriedade no/do lazer que procuramos aprofundar aqui. O que nos interessa mostrar é que nesses momentos dos lazeres esportivos, esses vivenciados de maneiras muito distintas, não apenas dentro dos campos, especialmente quando observados e analisados na perspectiva da cultura cotidiana e popular, possibilitam alteridades. Se, de um lado, existe uma tendência de ordenação das arenas públicas de vida, de industrialização cultural, inclusive habitando o lazer; de outro lado nos cabe enfatizar que esse momento – tendo uma característica liminar, ainda que possa ser efêmera – consubstancia (ou pode consubstanciar) propriedades anti-estruturais, desafiando o poder, as ideologias hegemônicas e fortemente institucionalizadas. Essa é uma reflexão que tem proximidade com o descrito por Archetti (1999), quando trata dos lotes baldios como "zonas livres", mas não queremos aqui afastar a compreensão de que também o lazer é/pode ser habitado por questões fortemente normativas presentes nas lógicas de solidariedade que constituem as próprias redes de sociabilidade.

Contudo, embora reconheçamos a presença constitutiva dos grandes currículos globais nos lazeres esportivos (econômico, midiático, biopolítico etc.), nos cabe estudar o que acontece nesses momentos relativamente liminares, o que as pessoas, frequentemente articuladas por redes de sociabilidade, produzem ao consumirem, ao se relacionarem com outras questões. Ao pensarmos no lazer como um momento intermediário e principalmente de intermediação, onde uma pluralidade de questões se encontra e onde, nesses encontros, laços de sociabilidade se estreitam, podemos refletir sobre a diversidade das produções culturais. Isso dialoga, em alguma medida, com aquilo que Certeau (2002) apresenta como *invenção cotidiana* pelos *sujeitos comuns*, aqueles que, mesmo diante do poder, operam bricolagens e engenhosidades diversas, as quais não devem, de modo algum, serem descartadas como cultura.

Nas próximas seções, abordaremos justamente essas engenhosidades nos momentos de lazeres esportivos. Primeiramente, teremos como referências pesquisas sobre o futebol não espetacularizado, desenvolvidas em campos e quadras de futebol da cidade e, na sequência, em estádios, bares sobre o torcer no futebol espetacularizado.

5.2 Produções no "futebol invisível"*

Nesta seção, tomaremos como base uma das linhas investigativas do Grupo de Estudos Socioculturais em Educação Física (Gesef) da Universidade Federal do Rio Grande do Sul (UFRGS). Essa linha que abordaremos tem como questão norteadora a heterogeneidade da produção de significados nas práticas esportivas de lazer vivenciadas pelas "pessoas comuns" e suas redes de sociabilidades, nos cotidianos das cidades. Entre as práticas esportivas investigadas, em grande parte por pesquisas etnográficas, está a do futebol, o que passaremos a descrever neste capítulo com o objetivo de fundamentar o entendimento do lazer como momento

---

* Esta seção tem como referência as produções realizadas no âmbito do Grupo de Estudos Socioculturais em Educação Física (Gesef) da Universidade Federal do Rio Grande do Sul (UFRGS). Esse grupo emergiu no início da década de 1990, a partir das pesquisas realizadas e orientadas pelo Prof. Marco Paulo Stigger, docente da UFRGS que desenvolve uma trajetória investigativa em umaa perspectiva etnográfica de estranhamento acerca da tomada das práticas esportivas como elemento de reprodução ou de alienação, especialmente quando elas são constituídas e vivenciadas nos momentos de lazer, nas situações urbanas e cotidianas. Para maiores informações, consulte Stigger, Myskiw e Silveira (2018).

da vida instituído liminar e relacionalmente, propício para engenhosidades diversas.

Para isso, apresentamos algumas informações sobre práticas do futebol constantemente agrupadas sob os títulos de *amador*, *varzeano*, *comunitário* ou *de pelada*, os quais, não raramente, parecem "invisíveis" nas grandes narrativas midiáticas e acadêmicas. Trata-se de um fenômeno da cultura urbana materializado em um conjunto de práticas (brincar, jogar, treinar, torcer, apitar, bandeirar, organizar etc.) que não têm muitos centímetros nos jornais impressos, tempo nos programas de rádio e TV ou *píxels* nos *websites* esportivos. Apesar dessa invisibilidade, mais recentemente esses diferentes tipos de futebol têm recebido maior atenção de pesquisadores de diferentes áreas de conhecimento (antropologia social, ciências sociais, educação, educação física, geografia e sociologia), mas ainda ficam à sombra dos esforços de compreensão relacionados ao futebol profissional ou espetacularizado.

O que trazemos a seguir são breves retratos do que chamamos de um *futebol invisível*, isto é, aquele que, embora movimente muitas práticas de lazer nas cidades e seja de grande importância para a vida das pessoas e grupos sociais, recebe pouca atenção nas grandes narrativas. Nessa direção, apontamos o futebol de veteranos nos parques da cidade de Porto Alegre (Stigger, 1997), as tradições de práticas do futebol e relações nos/dos grupos na cidade do Porto (Stigger, 2000), as reminiscências do futebol nos campos de uma vila cujos moradores foram realocados (Bauler, 2004), os desencontros culturalmente significativos nas práticas de futebol de crianças num projeto social esportivo (Thomassim, 2007), o associativismos esportivo de mulheres para a prática do futsal (Silveira, 2008) e as tramas e dramas urbanos no circuito de futebol varzeano da cidade de Porto Alegre (Myskiw, 2012). Todos os estudos mencionados nos ajudam a sustentar o lazer como um momento de intermediação implicado na diversidade das produções culturais que se constituem nas redes de sociabilidades.

5.2.1 Os grupos dos parques de Porto Alegre

O primeiro trabalho de pesquisa sobre futebol que descrevemos foi realizado por Stigger (1997), participando de dois grupos de veteranos na cidade de Porto Alegre. Eram pessoas que, nos seus momentos de não trabalho, seguiam para os parques da cidade com o propósito de jogar futebol. Um dos grupos – o do Parque Ararigboia – orientava suas práticas pelas lógicas oficiais, relacionando o lazer com a exigência de habilidades, de eficiência e eficácia esportiva. Contudo essas exigências não deixavam de dialogar, constantemente, com gozações, jocosidades, deboches não menos significativos. Oscilações entre o jogo sério (aqueles que imprimiam compromissos tático-técnicos intensos dos envolvidos em relação aos demais colegas/adversários e aos resultados) e a práticas não sérias (aquelas que possibilitavam manifestações individuais e coletivas que se destacavam da produção de resultados, valorizando o caráter hedonístico) eram facilmente observadas e, até mesmo, eram uma demanda do grupo, para sua manutenção.

No outro grupo – o do Parque da Redenção –, as práticas se distanciavam das estruturas rígidas do modelo oficial, constituindo outras temporalidades, dimensões do campo, adaptando regras, equipamentos e uniformes. Apesar de reconhecerem a importância as habilidades, valorizavam a participação e igualdade de oportunidades na vivência do jogo. As partidas, ainda que repletas de gozações não desconheciam as referências de respeito às lideranças.

5.2.2 Os grupos de Porto (Portugal)

Stigger (2000) continuou e aprofundou essa investigação na cidade do Porto (Portugal), onde lhe foi possível participar de outros dois grupos de práticas de futebol. A descrição do grupo tradicional de futebol Caídos na Praia é especialmente significativa porque mostra como jogadores considerados heterogêneos (em relação aos motivos, habilidades futebolísticas, valores) participavam segundo princípios válidos no/do grupo, como competitividade necessária, lazer compromissado e companheiro-adversário, aspectos legitimados não sem disputas de poder. Quer dizer, no momento de lazer, pessoas com trajetórias heterogêneas em contextos sociais particulares singularizavam a forma de vivenciar e significar o esporte praticado entre seus membros, a ponto de constituir uma identidade homogênea do grupo em relação ao exterior.

Essa questão ficou ainda mais saliente quando o autor vivenciou outro grupo de futebol – denominado de Anônimos. Como a denominação indica, se tratava de um grupo de jogadores que se reuniam para a prática de futebol de uma maneira bastante descompromissada e que pouco se conheciam para além do que ocorria nas partidas (não se percebiam, necessariamente, como um grupo). Contudo, em um sábado em que resolveram enfrentar um grupo externo (universitários que desejavam treinar) houve uma mudança clara: para marcar posição em relação aos "outros", contrariamente aos dias normais, o resultado da partida passou a ser considerado, o jogo ocorreu com maior seriedade e cobranças à obediência de uma estrutura tática dos jogadores. Isso reforçava caráter relacional das dinâmicas de significação no momento de lazer, impossibilitando interpretações apressadas e antecipadas.

5.2.3 O futebol cotidiano de Porto Alegre

Essa dinâmica relacional em momentos de lazeres futebolísticos foi, em seguida, estudada por Bauler (2004). Em uma pesquisa etnográfica, a autora investigou o lugar do futebol no cotidiano de uma comunidade de Porto Alegre que se estabeleceu em torno de quatro campos de futebol e foi – após quase 30 anos – realocada para um conjunto habitacional, este com aspectos descritos como melhores para a vida. No entanto, a comunidade demonstrava descontentamento pela ausência de um aspecto básico de seu modo de vida: o futebol e seus arredores.

A ausência dos campos antigos e das práticas relacionadas a eles impactou no sentimento de coletividade, de pertencimento comunitário. Os dramas dos jogos, os esforços de preparação e de deslocamentos para competições, as cerimônias, as festas relacionadas ao futebol, as histórias vividas nos campos e as reminiscências entrelaçavam as trajetórias de vida não apenas dos jogadores, mas das suas famílias. No novo conjunto habitacional, apesar da melhoria nas condições das casas, essas tramas urbanas amarradas pelos lazeres futebolísticos estavam fragilizadas, implicando na coesão da comunidade, com indicações de desintegração de regras de convivência. É nesse enredo que a autora conclui que no futebol significava muito mais do que uma bola.

5.2.4 O futebol infantojuvenil em Porto Alegre

A compreensão de que, nas práticas relacionadas à diversão nas comunidades, nas vilas, se desenvolvem importantes processos de produções culturais e sociais, também foi estudada por Thomassim (2007). O autor, membro do Gesef, pesquisou as práticas esportivas desenvolvidas por crianças e jovens em um projeto social de uma vila da cidade de Porto Alegre. Tratava-se de uma ação vinculada a uma universidade, com a intervenção de estagiários em espaços da vila. O autor logo percebeu o que ele chamou de "desencontros culturalmente significativos" para abordar a necessidade e a importância de focar nas produções culturais empreendidas pelas crianças e jovens ao praticarem esportes, ao se apropriarem daqueles tempos e espaços. Centrou suas análises nas produções das crianças ao jogarem futebol, fazendo valer suas lógicas, disputando com as imposições apresentadas pelos professores.

Mais do que os interesses pedagógicos universitários, os processos de formação e de continuidade dos times e das partidas de futebol reconheciam outros currículos e repertórios das crianças (amizades, residência, rixas, rivalidades, vínculos sociais).

O pesquisador chegou à conclusão de que, para compreender o que ali ocorria, era preciso fazê-lo a partir das teias, das articulações e das relações de forças que incidiam sobre as práticas sociais. Não se tratava de invenções aleatórias, nem de reproduções de grandes estruturas sociais, mas de relações estabelecidas com base em reinterpretações de práticas de jogo existentes. Em outras palavras, as crianças e os jovens produziam negociações e interlocuções com as trajetórias, expectativas e currículos dos professores e dos adultos e, assim, se divertiam.

5.2.5 As mulheres no futsal

Colocar os momentos de diversão como situações de produções culturais cotidianas em diálogos com currículos fortemente instituídos também esteve na pauta da pesquisa etnográfica realizada por Silveira (2008), sobre o associativismo de mulheres praticando um esporte considerado masculino. Convivendo com um grupo de aproximadamente 30 mulheres que, aos sábados, alugavam uma quadra para treinar futsal e, aos domingos, participavam de competições, quando estas ocorriam, a pesquisadora pôde resgatar a discussão que apresentamos inicialmente, presente nos estudos de Stigger (1997, 2000) acerca das sobreposições entre seriedade e ludicidade no lazer.

A autora observou empiricamente como essas configurações esportivas eram vividas como uma gangorra, ora pendendo para maior seriedade (sobretudo vinculada às competições), ora pendendo para a ludicidade (especialmente relacionada com as redes de amizades).

5.2.6 O circuito de futebol de várzea

A investigação etnográfica desenvolvida por Myskiw (2012) promove os momentos cotidianos de lazer como espaços e tempos para mediação e/ou afirmação de outros valores ou outras posições sociais. O autor analisou um circuito de futebol de várzea da cidade de Porto Alegre, um grande universo de lazer de trabalhadores urbanos, caracterizado por fases regionais e municipal, que conta com o envolvimento de mais de 300 times. Uma das questões que intrigou o pesquisador foi o fato de que ao mencionarem 'a várzea' as pessoas engajadas no circuito sabiam reconhecer muito bem do que se tratava e diferenciavam de outras maneiras e momentos de práticas do futebol. Um dos aspectos que ajudou a compreender essa condição, apreendida no cotidiano das rodadas de jogos, se relaciona às possibilidades de questões vividas. Dentro e fora dos campos era possível divertir-se, fazer renda, arrumar um novo trabalho, conquistar votos em pleitos eleitorais, "arrumar" namorada, fazer amizades, defender a identidade da vila, entre outras questões.

"A várzea" era um lugar paradoxal, no qual aspectos que estamos acostumados a colocar em lados opostos, tais como rendimento-diversão, ludicidade-seriedade, trabalho-lazer, não raramente conviviam de maneira difícil de separar. Aliás, se estiverem separadas, parecia que não era a várzea. Estar, jogar na várzea significava saber lidar com essa polifonia e com as sobreposições, significava constituir os espaços-tempos do lazer esportivo imerso nas tramas e nos dramas urbanos. Disso resultou a compreensão de que mais do que um universo intermediário da vida, o lazer varzeano se configurava num momento de intermediações, não sendo asséptico, não refletia apenas uma nova/única ordem moral.

5.3 O Grupo de Estudos sobre Futebol e Torcidas (Gefut) e as produções do "futebol visível, mas nem tanto"

A partir de agora, abordaremos algumas das produções realizadas pelo Grupo de Estudos sobre Futebol e Torcidas (Gefut), da

Escola de Educação Física, Fisioterapia e Terapia Ocupacional da Universidade Federal de Minas Gerais (UFMG).

5.3.1 Gefut

O Gefut surgiu em 2006, mas foi registrado no Conselho Nacional de Desenvolvimento Científico e Tecnológico (CNPq) apenas em 2008. Iniciou suas atividades tendo à frente um professor doutor e, junto, estudantes de graduação. O processo de formação foi contínuo e vieram os primeiros mestrandos, mestres, doutorandos e doutores. Atualmente, recebe outros professores, pesquisadores e pós-doutorandos.

Pesquisas individuais e coletivas foram realizadas e o grupo estabeleceu, em função da sua produção, as linhas norteadoras do seu processo de formação e produção. São elas:

- História do futebol e do torcer: Investigar os processos sócio-históricos que permitiram o surgimento e a consolidação do futebol e a formação de torcidas, tais como a construção de estádios, os processos de amadorismos e profissionalismos, a produção das rivalidades clubísticas, a espetacularização do torcer, dentre outros.
- Futebol, torcer e educação: Compreender, a partir de uma perspectiva sociocultural, as interfaces entre o futebol, o torcer e a educação em contextos formais, não formais e informais; produzir e analisar práticas de ensino-aprendizagem, métodos de ensino e materiais didáticos acerca do futebol.
- Futebol, torcer, cidade e espetáculo esportivo: Investigar as relações do futebol e do torcer com a cidade, seus espaços, seus sujeitos e seus equipamentos de lazer; investigar o estádio de futebol como um microcosmo social; verificar os processos de mercantilização do futebol, bem como seus efeitos no que tange ao torcer, aos estádios, aos jogadores e outros agentes, à administração clubística, aos meios de comunicação, às entidades organizadoras e reguladoras

do futebol; estudar a presença do futebol em megaeventos esportivos; identificar as relações entre Estado, políticas públicas e futebol.

- Futebol, torcer, grupos e identidades: Estudar as relações políticas e identitárias de gêneros e sexualidades, de classes sociais, étnico-raciais, territoriais e religiosas, bem como a multiplicidade das formas de violência nos contextos do torcer e do jogar; analisar as dimensões materiais e simbólicas instituídas e instituintes no futebol, as subjetividades e os significados atribuídos diante de experiências dos sujeitos no torcer, em agremiações, clubes e outros grupos.

Em reuniões semanais no Gefut, debate-se algum referencial bibliográfico, discute-se pesquisas, trabalhos de extensão, tenta-se captar recursos, organiza-se eventos, entre outras tarefas. Interessante dizer que o grupo toma dimensões além das quatro paredes que circundam seu espaço na UFMG. Contemporaneamente, é comum a procura de órgãos da imprensa para opinar sobre algum acontecimento relacionado ao futebol ocorrido em Belo Horizonte ou em outro lugar. Órgãos da administração pública também, ora para o Gefut fazer uma intervenção acadêmica, ora para realizar uma pesquisa. Organizaram-se nesse tempo três grandes Simpósios discutindo o futebol a partir de diversos temas com renomados pesquisadores brasileiros e estrangeiros. Em 2018, o Gefut organizou um evento que discutiu o tema "As violências no/do futebol".

5.3.2 O torcer no futebol espetacularizado

No que tange às pesquisas sobre o futebol espetacularizado, já adiantamos que nem sempre tratamos daquilo que é mais visível. Toda visibilidade é relativa. A título de exemplo, a condição das mulheres, dos negros, dos pobres e dos homossexuais no futebol espetacularizado é, na maioria das vezes, de invisibilidade. Há uma hegemonia tóxica no futebol, que entende o branco, o homem, o abastado e o heterossexual como as peças de uma grande vitrine.

Optamos, assim, dentro dessa relatividade da visibilidade, por trazer as pesquisas realizadas pelo Gefut, especificamente as que trataram e ajudam a entender o torcer no futebol espetacularizado.

A formação das torcidas de futebol na cidade de Belo Horizonte

O primeiro estudo citado é de Souza Neto (2010) que teve por objetivo investigar o movimento que permitiu a formação das torcidas de futebol na cidade de Belo Horizonte – MG e como estas se constituíram em prática de divertimento. Para tanto, o período delimitado para a investigação abrangeu os anos de 1904 a 1930, por este abrigar desde as primeiras manifestações da prática do futebol na cidade até a sua consolidação. O pesquisador identificou três momentos:
1. a assistência fidalga e aristocrática;
2. a popularização do futebol em Belo Horizonte e o início da filiação clubística;
3. uma nova postura dos assistentes, com características mais evidentes de torcedores e o consequente incremento do espetáculo esportivo.

A construção histórica da rivalidade nos jogos entre o Clube Atlético Mineiro e a Sociedade Sportiva Palestra Itália

Já Alves (2013) buscou, em sua pesquisa, compreender a construção histórica da rivalidade nos jogos entre o Clube Atlético Mineiro e a Sociedade Sportiva Palestra Itália, na cidade de Belo Horizonte, de 1921 até 1942, e entender como se teceu essa rivalidade e como a fundação dessas equipes de futebol modificou o espaço e a dinâmica da cidade. Os jornais foram adotados como fonte de pesquisa. O pesquisador percebeu que o crescimento exponencial dos espectadores nos seus jogos, a expectativa pré-jogos trazida pelos jornais e, principalmente, o relato dos jogos, subsidiaram o entendimento para qualificar essa partida como um clássico do futebol de Belo Horizonte. Compreendeu-se que os jogos de futebol foram um dos espaços encontrados para o povo se aglomerar e socializar. Com o tempo, a simples assistência das arquibancadas evoluiu para o pertencimento clubístico, e esses torcedores tiveram nas camisas do Atlético e do Palestra símbolos de representação da rivalidade local.

O perfil sociológico das mulheres torcedoras da equipe de futebol do Cruzeiro Esporte Clube

Em sua dissertação, Campos (2010), buscou conhecer o perfil sociológico das mulheres torcedoras da equipe de futebol do Cruzeiro Esporte Clube, presentes no estádio Governador Magalhães Pinto – Mineirão –, Belo Horizonte, antes da reforma para Copa do Mundo de 2014, no Brasil, e a relação estabelecida por elas com o clube e com o estádio. Os dados apontaram que esse grupo social é formado por um elevado número de mulheres que adotaram a ida ao estádio como uma opção de lazer. Elas variavam em idade, formação profissional, local de residência, condições econômicas e formas de se relacionar com o Cruzeiro. Aparece na pesquisa a família, sobretudo a figura paterna como grandes influenciadores, uma relação de intensidade com o clube e o estádio e de um mimetismo da forma de torcer masculina como forma de aceitação no espaço e de manifestação do seu clubismo.

A relação do torcedor de Governador Valadares com o Esporte Clube Democrata

Silva (2011), ao pesquisar a relação do torcedor de Governador Valadares – MG com o Esporte Clube Democrata, percebeu uma ligação identitária (clube – cidade), uma doação gratuita ao time por parte desse torcedor e o entendimento de que os jogos representam um espaço festivo para cidade.

Há, nesse torcer, uma relação de dualidade na qual muitos desses sujeitos entrevistados e observados têm o seu clube da capital, normalmente com maior prestígio e distinção no cenário futebolístico. A vinculação ao Democrata se dá pelos laços de territorialidade, que permitem também uma proximidade ao universo futebolístico, por vezes distante dos grandes centros.

A vivência dos torcedores de estádios periféricos diante do processo de modernização dos estádios brasileiros

Vieira (2016) analisou a vivência dos torcedores de estádios periféricos diante do processo de modernização dos estádios brasileiros e concluiu que há uma percepção por parte do grupo pesquisado de que as arenas são projetadas para oferecer conforto e segurança ao passo que os estádios não, influenciando, dessa maneira, no comportamento do torcedor que frequenta os estádios periféricos.

Segundo o autor, a realidade encontrada em muito destoa do futebol da capital, "série A", dos jogadores reconhecidos nacionalmente. As inquietações iniciais da pesquisa convergiam na possibilidade de que tais torcedores teriam seus comportamentos alterados em função desse processo global de modernização, mesmo que os estádios deles não tenham sido (até o momento) atingidos diretamente pela onda da modernização instaurada no Brasil (e em vários outros países). Essa suspeita não se confirmou.

O torcer em bares na cidade de Belo Horizonte

Para além do estádio, seja nas grandes ou nas pequenas cidades, o torcer em bares tem sido uma experiência de lazer cada vez mais vivenciada. Abrantes (2015) analisou o torcer em bares na cidade de Belo Horizonte, mais especificamente, torcedores do Cruzeiro e do Atlético, concluindo que assistir aos jogos em bares é uma prática recorrente na cidade, bem como que existem diferentes formas com que esse torcer ocorre. Os bares configuram-se como espaços que possibilitam a assistência aos jogos e a manifestação do pertencimento clubístico, e se mostram como *locus* propício para o estreitamento de vínculos, criação de laços, de amizades e para a sociabilidade entre os sujeitos.

Diante da pesquisa realizada por Abrantes (2015), invoca-se uma maior sensibilidade do poder público no diálogo com esses espaços privados, que por vezes, acabam trazendo ao amante do futebol o acolhimento que o próprio estádio, outrora proporcionava.

Nessa segunda seção do texto, relatamos trabalhos que nos ajudam a pensar o futebol espetacularizado e o torcer. Esse torcer que se constituí a partir da assistência e caminha para o pertencimento clubístico (Souza Neto, 2010) e traz nessa associação a questão da rivalidade (Alves, 2013), fundamental para o crescimento do futebol. Essa prática social se desenvolve hegemonicamente masculina e por conta disso, obrigava às mulheres um "esforço estratégico" (Campos, 2010), para vivenciarem suas respectivas relações com o clube do coração e com o estádio. Segundo a autora, essas estratégias se davam de formas diversas, entre elas, evitando usar roupas justas e curtas; manter o cabelo preso, fazer o deslocamento no entorno e no próprio estádio com passos rápidos e de cabeça baixa.

De acordo com (Silva, 2011) e Vieira (2016), as experiências do torcer pelo futebol espetacularizado são mais visibilizadas nas grandes cidades e acabam influenciando o torcer nas pequenas cidades, sem descaracterizar o que existe de peculiar nesses lugares, especialmente no que tange ao interesse pelo futebol. O torcer em dias de jogos também acontece fora do estádio, sobretudo em bares (Abrantes, 2015), que se configuram como espaços de sociabilidade e vivência múltipla do pertencimento clubístico. Os estudos mencionados nos ajudam a sustentar o torcer como uma possibilidade de lazer, que possibilita diversas produções culturais na sociedade.

Considerações finais

Neste capítulo, trouxemos alguns elementos capazes de contribuir nas reflexões sobre a relação entre o lazer e o esporte. Esse é um tema bastante amplo e, por isso, optamos por apresentar informações de pesquisas que abordam o âmbito futebolístico, sobretudo por considerar que o futebol está fortemente presente no cotidiano dos brasileiros, até daqueles que não gostam ou não se relacionam intimamente com o esporte.

O futebol se materializa nos mais diversos espaços, sobretudo nos campos, nas quadras, nos estádios e nos bares, e por isso mesmo é considerado um fenômeno social e cultural, na medida em que possibilita diferentes manifestações, que são ressignificadas em diferentes contextos ao longo do tempo, atuando na relação entre os indivíduos e a sociedade. Desse modo, podemos perceber que o principal elo entre futebol e o lazer pode ser observado na dimensão da cultura.

De acordo com Lages e Silva (2012), as vivências de lazer relacionadas ao futebol podem ocorrer de diversas maneiras, seja jogando, assistindo ou torcendo. Essa maneira de constituição – nas ações de fazer parte –, como mostramos aqui com base em breves descrições das pesquisas, não se dá de maneira distanciada da vida pública/impessoal ou da vida íntima/privada, mas cria possibilidades de produções na intermediação de questões históricas da vida urbana nas cidades, econômicas, rivalidades clubísticas, valores familiares, gênero, sexualidade, vida nos bares, bebidas alcoólicas, usos dos parques públicos, projetos sociais, políticas públicas.

Queremos, portanto, afirmar que os momentos de lazeres esportivos – aqui em destaque os futebolísticos –, materializados em distintas redes de sociabilidades com suas singularidades, produzem aprendizagens, inculcação de valores, reprodução de hegemonias que ressoam sobre a vida social das pessoas e conferem a elas identidades, criam vínculos de pertencimentos.

Contudo, quando se observa as produções e as aprendizagens na perspectiva da cultura popular e cotidiana, nos cabe também afirmar o caráter de liminaridade e efemeridade relativas disso, no sentido de que os lazeres esportivos são momentos privilegiados para misturas de categorias sociais que fora deles seriam pouco prováveis de serem observados, nem sempre visto como subversões ou resistências culturais. A visibilidade na espectacularização das práticas futebolísticas de torcer em estádios, por exemplo, não são suficientes para explicar esse fenômeno de diversão sem levar em conta a invisibilidade de produções culturais, inventivas, por vezes subversivas.

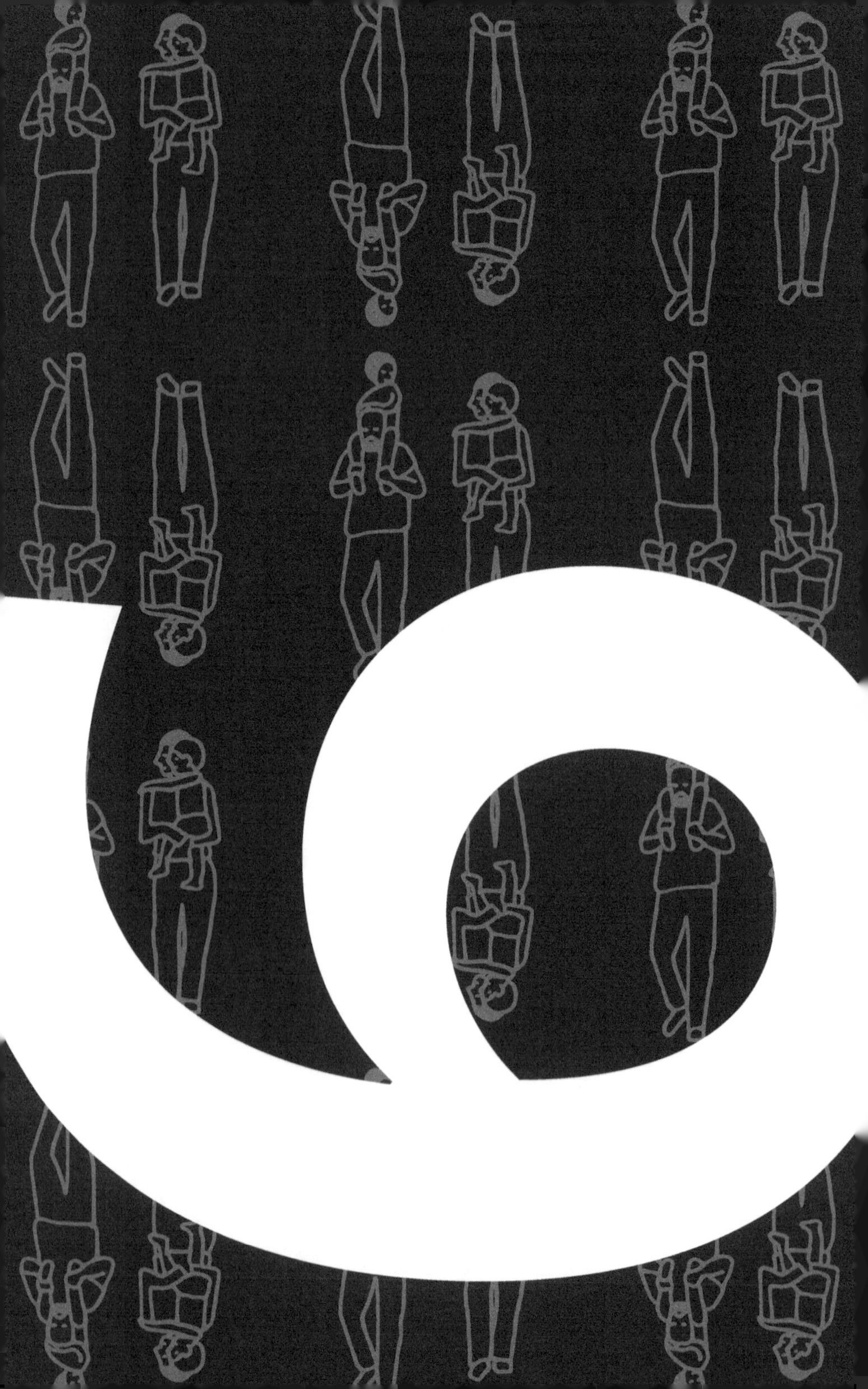

Lazer e interesses culturais: continuidade ao debate no campo

Carlos Nazareno Ferreira Borges
Giselle Helena Tavares

Já se vão algumas décadas desde que as contribuições originais do sociólogo francês Dumazedier (1975, 1980a, 1980b) para a sistematização de pressupostos teóricos do lazer proporcionaram avanços significativos no campo de estudo e nas intervenções com o lazer. No âmbito de suas abordagens conceituais, para além do próprio conceito de lazer, o qual já desperta bastante debate, interessa-nos a classificação estabelecida pelo sociólogo ao agrupar as diferentes formas de ocupação do tempo destinado ao lazer. Fazemos esse destaque porque tanto o conceito quanto a classificação, a partir da base teórica fomentada por Dumazedier (1975, 1980a, 1980b), constituem alguns dos pontos mais debatidos na produção científica relacionada aos estudos do lazer.

O sociólogo brasileiro Marcellino (1983), seguindo as elaborações do sociólogo francês, contribuiu de forma singular no avanço dos estudos em solo nacional. Ainda que este autor tenha contribuído no avanço relativo ao conceito e na discussão da categoria tempo ao propor o qualificativo "tempo disponível" (Marcellino, 1983), como poderemos mostrar melhor adiante, não proporcionou alteração à classificação das ocupações do tempo destinado ao lazer.

Dumazedier (1975) havia enunciado as formas de ocupação do tempo destinado ao lazer segundo o que ele denominou de interesses culturais do lazer, que seriam: físico-esportivos; artísticos; manuais; intelectuais e sociais. Tal classificação foi somente acrescida pelo professor Camargo (1979), ao propor o que ele denominou de *interesse turístico*. Mais tarde, a professora Schwartz (2003) também contribuiu na ampliação da classificação ao propor o que ela denominou de *conteúdo virtual do lazer*.

Desde os primeiros esforços classificatórios de Dumazedier (1975, 1980a, 1980b), o agrupamento das formas de ocupação do tempo destinado ao lazer com frequência recebeu críticas, entre as quais destacamos inicialmente as de Faleiros (1980), debruçando-se sobre os limites da classificação em razão da desconsideração sobre os potenciais das funções que podem ser cumpridas pelas atividades de lazer. Tal crítica tem base nos pressupostos do materialismo histórico, mais tarde incrementada por Peixoto (2007), a qual utiliza do mesmo referencial não somente para fazer novas inferições sobre as abordagens conceituais do lazer a partir da discussão da luta de classes, mas também para afirmar que outras críticas operadas no campo a partir do referencial marxista não se apropriaram devidamente dessa matriz teórica.

A maioria das críticas tende a atingir também as agregações classificatórias de Camargo (1979) e de Schwartz (2003), embora não tenhamos encontrado nenhuma proposição diferente para organizar didaticamente as diferentes formas de ocupação do tempo destinado ao lazer, do que a que foi proposta pelos autores até aqui mencionados.

Acreditamos que houve ponderações bastante interessantes em Schwartz (2003) a respeito das tolerâncias que podem ser feitas ao esforço classificatório de Dumazedier (1975, 1980a, 1980b), principalmente pelo fato de que o próprio autor francês já admitia que as atividades realizadas no tempo destinado ao lazer poderiam ser enquadradas em mais de um tipo de interesse cultural.

Dessa forma, ao apresentar o interesse virtual, Schwartz (2003) nos forneceu bons argumentos de como o esforço de classificar encontra possibilidades diferenciadas, dado o caráter movediço das categorias conceituais do lazer: tempo, espaço, atitude, cultura, as quais foram apresentadas pelo autor francês e ampliadas na construção do campo teórico por outros autores, destacando-se Marcellino (1983). É justamente nesse ponto que se concentra nossa inquietação no presente capítulo.

Não precisamos necessariamente propor nova e diferente classificação, além das que já estão colocadas no campo científico, acerca do lazer, mas há a necessidade de avançar na problematização dos argumentos que lhes dão sustento, menos para desconstruir a classificação e mais para auxiliar no caráter didático do agrupamento das diferentes formas de ocupação do tempo destinado ao lazer.

Dessa forma, antes de discutir a classificação como produto final de um debate, é preciso discutir seus pressupostos. Por isso, neste capítulo, vamos retomar a discussão sobre os termos *interesse cultural*, *tempo*, *espaço* e *atitude*, entendendo que esses pressupostos designam qualquer forma de tentativa de agrupamento das atividades.

Vale mencionar, ainda, que esta discussão é fruto de uma reflexão filosófica, e por isso recorreremos a diferentes perspectivas teóricas. Inicialmente, fazemos um diálogo com antropólogos, no sentido de sustentar o uso da terminologia *interesse cultural*. Em seguida, dialogamos com filósofos, tanto da tradição filosófica quanto da produção filosófica mais recente, para reposicionar os termos *tempo*, *espaço* e *atitude*.

6.1 Interesse cultural: uma perspectiva antropológica

O termo *interesse cultural* foi apresentado pelo próprio Dumazedier (1975) ao agrupar as atividades realizadas no tempo reservado ao lazer segundo os interesses predominantes do sujeito por conteúdos culturais. Estudiosos brasileiros, entre os quais se destacam Melo (2004) e Marcellino (2007), interpretaram que, para o autor, o termo *interesse* se relaciona ao conhecimento que se estabelece a partir da cultura vivida –o termo *cultura* é compreendido pelas diversas alternativas de manifestações de lazer. Bem por isso, o agrupamento das mesmas atividades apresentadas pelo sociólogo francês também é apresentado na literatura como conteúdo cultural do lazer.

Tanto quando abordamos conteúdos ou interesses culturais, surgem críticas quanto ao entendimento acerca de *cultura*, como as que foram apresentadas por Alves (2003), que questiona o conhecimento conceitual de cultura nos conceitos de lazer, mas bem poderia se estender à classificação. Questões sobre o termo interesse não foram encontradas, mas talvez pudéssemos questioná-lo desde a sua gênese interna ou externa ao sujeito.

A questão que mencionamos se refere às expressões valorativas, uma vez que, com recorrência, o interesse está vinculado a algo a que se dá valor. No entanto, a partir das discussões operadas desde o conceito de *indústria cultural*, elaborado por Adorno e Horkheimer (1985), já se admite questionar se os valores estão internos ao sujeito ou externos a ele quando submetido a influências, como as do mercado. Esse raciocínio não é único, se observarmos que também no campo semântico os termos não têm um único significado (Lins, 2012).

Vejamos, por exemplo, no campo jurídico, o termo *interesse público*, como nos explica Andrade e Silva (2000). Segundo a autora, mesmo que se conviva em um contexto democrático, e o termo *interesse* esteja atrelado a um objeto que muitos sujeitos valoram, nem sempre há consenso. E ainda que uma minoria não valore, isto é, não tenha interesse, ajunta-se à maioria no benefício, mesmo compulsoriamente. Em regimes autoritários, o interesse público é determinado pelo Estado, mesmo que não esteja no querer da maioria dos cidadãos, sob justificativa da autoridade política. Tal "interesse público" pode ser válido por normas jurídicas, mas nunca válido como interesse público por desejo de maioria.

Quando falamos, portanto, em *interesses culturais do lazer*, cabem muitas questões surgidas do termo *interesse*. Por exemplo, por que o interesse do sujeito em determinada prática esportiva e não outra? Deve-se ao gosto e ao querer, ou ocorre por causa da oferta reduzida e insistente da mesma modalidade? E quanto ao interesse atual pela "convivência" pelas redes sociais em detrimento da convivência em grupos reais? Do ponto de vista semântico talvez o significado permaneça o mesmo, sobre o valor atribuído ao objeto, quer esse valor surja do sujeito ou externo a ele. Portanto, o termo interesses (culturais do lazer) continua a caber, e a nós cabe discutir os processos de educação às valorações.

6.1.1 A qualificação do agrupamento das atividades realizadas no tempo reservado ao lazer como conteúdos ou interesses culturais

Concordamos que o qualificativo cultural ainda não foi suficientemente discutido no campo de estudos do lazer. Há ainda bastante discussão com apropriação de conceitos a partir de fontes secundárias e pouca inserção de estudos antropológicos no campo do lazer, notadamente mais encontrados a partir dos estudos sobre o lazer em povos e comunidades tradicionais. Para o interesse do presente texto, tomamos duas vertentes que, somadas, parecem ser suficientes para qualificar o agrupamento das atividades realizadas no tempo reservado ao lazer como conteúdos ou interesses culturais. São elas as ideias de Boas (2010) e de Geertz (1989) e as escolhemos justamente por nos dar base conceitual suficiente em contextos atuais nos quais vemos emergir os debates sobre o multiculturalismo e o interculturalismo* como propostas diferentes de reconhecimentos das culturas.

Recorremos a Boas (2010) porque foi pioneiro na proposição do uso plural do termo cultura, antes apresentado pelo evolucionismo de Tylor, o qual designou *cultura* pela associação dos termos *kultur* (alemão) e *civilization* (francês) (Laraia, 1986). Amparado na História, Boas (2010) desenvolveu a ideia de que o conceito de *cultura* diz respeito à história de cada uma das culturas e daí a sua pluralidade relativizadora. Mais tarde, essa visão de Boas seria reafirmada por uma de suas mais brilhantes discípulas – Benedict – ao afirmar que cada cultura é uma lente pela qual vemos o mundo (Benedict, 2006).

Quanto a Geertz (1989), ele nos ajudou a entender o conceito de *cultura* a partir da ideia de complexidade, ao afirmar que a cultura é como uma teia, que se tece com diversos fios e cada um é um significado.

A nós, cabe somar as duas ideias apresentadas para entender as culturas historicamente dadas no contexto contemporâneo e, com base nessa compreensão, estabelecer diálogos. Para isso, é condição imprescindível o conhecimento. É nesse sentido que, ao tratarmos de lazer, acreditamos que qualquer interesse cultural deverá ser despertado pelo conhecimento, educado e vivido para se constituir como potencial elemento de desenvolvimento humano.

Portanto, se pensarmos o lazer como um direito (Brasil, 2015), gerado a partir de uma necessidade ontológica do ser humano; e se pensarmos a perspectiva de produção cultural como uma

---

* Em geral, ambas as perspectivas teóricas preconizam a diversidade cultural. Porém, há críticas sobre o multiculturalismo em razão de sua aproximação com matrizes teóricas liberais. O interculturalismo surge como alternativa de superação do multiculturalismo. Ver o debate em Damázio (2008).

condição de relação entre seres humanos de diferentes culturas, sustentamos que a ideia de interesse vinculada a dimensões valorativas deve, sim, ser despertada. Nesse sentido, também, o termo *interesses culturais* continua válido.

6.2 Tempo e espaço

Interesses culturais do lazer, assim como o próprio conceito de *lazer*, têm sido pensados a partir dos conceitos de *tempo* e de *espaço*. Schwartz (2003), quando fez sua proposição a respeito do interesse virtual, fez também algumas poucas alusões em termos de problematização quanto à questão do tempo e do espaço. Segundo a autora, novos hábitos de ocupação do tempo reservado ao lazer se dão pela mediação dos meios de comunicação, sobretudo a *internet*, e isso constitui novas relações não somente com o tempo, mas também com o espaço.

6.2.1 Tempo e espaço: diálogos com a tradição filosófica

Quando dizemos que os interesses culturais do lazer se relacionam ao tempo e ao espaço das vivências e das fruições, precisamos demarcar melhor de que tempo e de qual espaço estamos falando. Essas categorias, **tempo** e **espaço**, foram objeto de um acalorado debate filosófico no século XVII, travado entre o físico, matemático e filósofo britânico Sir Isaac Newton (1643-1727) e o matemático e filósofo alemão Gottfried Wilhelm Leibniz (1646-1716). Abordaremos sucintamente esse debate para, em seguida, observarmos como a querela entre esses dois filósofos foram tratadas por Immanuel Kant (1724-1804), para finalmente verificarmos formas de avanço no debate operadas por Georg Wilhelm Friedrich Hegel (1770-1831).

Newton (1979) concebe duas ideias de espaço: o absoluto e o relativo. O espaço absoluto, segundo o cientista, existe independentemente das coisas e é infinito. À medida que as coisas foram criadas por Deus, de acordo como Newton concebia a presença desse ente no mundo, elas mantêm relação de espacialidade entre si e isso constitui o espaço relativo. As coisas criadas também ocupam lugares e, dependendo de sua relação com o espaço, o lugar também pode ser relativo e absoluto.

Ainda segundo as proposições newtonianas, o tempo também pode ser absoluto e relativo. O tempo absoluto, assim como o espaço, existe tão somente como ente da razão, porque o tempo que podemos medir a partir das sensações é o tempo relativo. Além disso, Newton teorizou sobre o movimento, o qual também se apresenta como absoluto e relativo. Segundo o cientista, o movimento absoluto não tem referencial e se constitui da soma dos movimentos de todos os corpos do universo, ou seja, algo que não se pode verificar pela experiência. Por outro lado, na perspectiva newtoniana, o movimento relativo se pode verificar pelos referenciais dos corpos entre si e pode ser observado pelo estudo das leis da natureza.

Na dupla concepção newtoniana sobre espaço, tempo, lugar e movimento, é importantíssima a sua concepção sobre a presença de Deus no mundo. Segundo Newton (1979), Deus age não somente como criador, mas como ordenador de todos esses elementos, isto é, o mundo não tem condições de se autorregular, por isso é preciso pressupor a existência de um ser absoluto, com uma presença necessária, ainda que não se possa comprovar pela experiência.

As críticas de Gottfried Wilhelm Leibniz (1979) às concepções newtonianas de espaço e de tempo foram realizadas em uma série de 5 cartas enviadas à princesa de Gales, em 1715, a qual era uma pessoa de proximidade à Sir Isaac Newton. Certamente as cartas foram enviadas porque o filósofo alemão sabia desde a primeira carta que chegaria ao êmulo cientista inglês.

Sabe-se que as cartas de Leibniz foram recebidas por Newton, mas as cartas de réplicas enviadas à Leibniz foram assinadas por Samuel Clarke, um discípulo de Newton. As principais críticas de Leibniz à concepção de espaço e tempo (esse em menor recorrência em relação com a discussão sobre o espaço) fazem relação também com a concepção newtoniana da existência de Deus no mundo. Por isso, ao se tratar das críticas, certamente se menciona a ambas as concepções, porque se relacionam entre si.

As principais críticas de Leibniz a Newton se fundamentam na própria concepção leibniziana sobre espaço e tempo e na consequente desdobramento dos demais conceitos mencionados. Leibniz (1979) não aceita a ideia de espaço absoluto e diz que o espaço só existe por causa da existência das coisas, e por isso é sempre relativo, onde ocorre a ordenação das coisas em coexistência. Do mesmo modo o tempo, que segundo o filósofo alemão se dá como ordenação das coisas em sucessão. Dessa forma, a relação das coisas no espaço e no tempo determina também os conceitos de lugar e movimento.

Obviamente as discordâncias conceituais de Leibniz a Newton também se estendiam à concepção quanto à presença de Deus no mundo. O filósofo alemão explicara seus conceitos a partir de uma unidade fundamental que explica todas as coisas, a qual ele denominou de *mônada* (Leibniz, 1979). Essa é uma substância una e indivisível, que existe em quantidade infinita e que forma os compostos. Por um fenômeno que Leibniz denominou de *princípio interno*, as mônadas se modificam, e isso determina o tempo e o movimento. Por isso, o mundo tem um funcionamento autônomo, sem necessidade de um Deus ordenador, porque Ele criou todas as coisas perfeitas desde o início, sem que precisem ser corrigidas.

Nesse sentido, muitos dos pressupostos newtonianos são considerados por Leibniz como tendo problemas teológicos.*

Como se pôde verificar, no debate foram apresentadas duas teorias antagônicas a respeito do "lugar" que espaço e tempo ocupam no mundo, e diversas questões estruturantes a respeito do espaço e do tempo que se constituíram em ocupações de grandes filósofos, puderam ser mais claramente formuladas durante esse debate (Sklar, 1992).

Immanuel Kant, filósofo alemão nascido em Königsberg, fez suas análises e construiu a sua teoria a partir de críticas a Leibniz e Newton, resultando para esse filósofo, conforme poderemos constatar, uma ideia distinta de ambas as concepções dos filósofos que lhe precederam.

Ainda que Galeffi (1986) tenha dito que Kant foi influenciado por Leibniz em sua fase pré-crítica, antes da *Crítica da Razão Pura* (Kant, 2001), obra kantiana de referência no presente texto, o que se pode observar em sua fase crítica é a discordância total para com o filósofo de Leipzig no que diz respeito ao debate que ora apresentamos.

Para Kant (2001), se o espaço e o tempo são intimamente ligados às coisas, então não é possível criar leis físicas universais (CRP, B, 42). A explicação kantiana argumenta, ao contrário de Leibniz, que o tempo e o espaço não são coisas em si, não aderem às coisas como determinações objetivas (CRP, B, 49). Por isso, se o espaço e o tempo fossem intimamente ligados às coisas, então não seria possível criar leis físicas. Isso porque a aderência implicaria em contingência, assim como as coisas também são contingentes, o que inviabilizaria a formulação de leis científicas.

---

* Por mais de uma vez Newton será acusado por Leibniz quanto aos problemas teológicos. Para Leibniz, há contradições nas proposições que colocariam em questão a própria existência de Deus para o crente Newton.

Kant pontifica seus argumentos na tese de que "O espaço é forma de todos os aparecimentos dos sentidos externos, isto é, a condição subjetiva da sensibilidade pela qual nos é possível a intuição externa" (CRP, B, 42); da mesma forma que "O tempo nada mais é do que a forma do sentido interno, isto é, do intuir nós mesmos e nosso estado interno" (CRP, B, 49).

No que diz respeito às proposições newtonianas, segundo Kant (2001), o espaço não representa uma propriedade de coisa em si e o tempo não subsiste por si mesmo. Nesse sentido, a concepção de tempo e de espaço que está na base da física de Newton é inapropriada para explicar as leis da física. Aceitar a filosofia do tempo e do espaço em Newton seria afirmar que o tempo e o espaço não seriam criações de Deus –se é verdade que o tempo e o espaço são substâncias, então Deus não os criou e, segundo Galeffi (1986), fica claro para Kant que essas assertivas newtonianas lhe trouxeram não somente problemas na física, mas também na teologia, assim como pensava Leibniz (1979).

Para Kant (2001), o espaço e o tempo não são inerentes às coisas e aos objetos, como pressupunha Leibniz (1979); nem transcendentes, como sustentou Newton. Não estão aderentes às coisas e objetos, como defendeu Leibniz; nem fora como afirmou Newton (1979). Espaço e tempo são condições subjetivas da mente. Estão dentro da mente (sujeito). São, portanto, formas *a priori* da mente (Galeffi, 1986).

Os argumentos principais de Kant no debate com Leibniz e Newton resultam em três teses anunciadas na CRP, a saber: há uma tese semântica segundo a qual Kant afirma que espaço e tempo se referem aos objetos e seus aparecimentos (CRP, B, 43/B, 52); há também uma tese sintática, segundo a qual o espaço e o tempo são puras formas da faculdade da sensibilidade (CRP, B, 44/B, 52); e há uma tese da preeminência do tempo sobre o espaço, segundo a qual todos os aparecimentos em geral estão no tempo. Sobre essa última tese, é preciso compreender que o espaço é determinante para a intuição e o aparecimento imediato dos objetos externos, não podendo esses serem intuídos pelo tempo (CRP, B, 51). O tempo, por outro lado, é determinante para a intuição e o aparecimento imediato dos objetos internos. No entanto, o tempo também pode intuir de forma mediata os aparecimentos externos e isso ocorre por meio do sentido interno, sobretudo a memória.

Apesar das críticas endereçadas a Newton e Leibniz, Kant absorve elementos das duas teorias. Kant absorve as propriedades gerais do tempo e espaço do Newton, como: "infinito, imóvel e uno (sem partes), de modo que o tempo é, para ele, considerado como *quid* único, infinito e imutável, em que todas as coisas duram" (Galeffi, 1986, p. 57). Da mesma forma, apropriou-se de Leibniz quanto à ideia de relação entre tempo e espaço (Galeffi, 1986) para explicar os aparecimentos, também chamados de fenômenos.

É a partir da concepção kantiana sobre os aparecimentos ou fenômenos que avançamos para a contribuição de outro filósofo alemão, Georg Wilhelm Friedrich Hegel, nascido em Stuttgard. Ao que tudo indica, embora não tenha sido afirmado por algum de seus comentadores, Hegel parece ter em comum com Kant a preeminência do tempo sobre o espaço. É o que compreendemos da leitura de Hegel (2008), em a *Fenomenologia do espírito*.

Não é nosso interesse aqui fazer toda a demonstração da tese hegeliana da forma como o espírito compreende, mas para nós é suficiente constatar como Hegel (2008), de forma sutil, mostra que ainda há uma incompletude na explicação kantiana acerca dos fenômenos, sobretudo ao explicá-los ao nível da intuição do sensível, mesmo que estejam, como diz o filósofo de Königsberg, na mente do sujeito. A dialética hegeliana apresentada demonstra como o primeiro nível da consciência, a chamada *certeza sensível*, nos engana, e somente se compreenderá completamente o fenômeno quando o sujeito suprassumir-se a-si-mesmo, isto é, na negação da negação de si (Hegel, 2008). Isso somente é possível na compreensão do tempo como categoria capaz de estabelecer o processo dialético.

Tardiamente Hegel (2011) afirmou, em sua obra *Enciclopédia das ciências filosóficas*, o papel determinante do tempo na compreensão dos fenômenos, quando também demonstrou de forma madura sua compreensão do espaço.

Mediante o exposto da abordagem conceitual hegeliana de tempo e espaço, trazemos a assertiva de Koch (2009), o qual afirma que a dedução hegeliana nos ajuda a compreender discursivamente uma dificuldade da estética transcendental de Kant (2001), que seria uma distinção entre idealidade transcendental e realidade empírica.

Até aqui, temos elementos interessantes para pensar questões sobre os interesses culturais se considerarmos o debate sobre as categorias tempo e espaço, sobretudo a preeminência do primeiro sobre o segundo.

6.2.2 Tempo e espaço: diálogos com pós-modernos

Uma breve contextualização da leitura pós-moderna torna-se necessária para entendermos as relações com as abordagens apresentadas anteriormente, a fim de ampliar a reflexão proposta por este texto. Entende-se por *pós-modernismo* o argumento produzido por pensadores sobre as novas configurações éticas e estéticas das sociedades avançadas, podendo ter desdobramentos diretos no âmbito da cultura, da ciência, da filosofia e da política (Pimentel, 2010). Vale ainda destacar que os apontamentos pós-modernos não têm a intensão de apresentar uma base teórica unificada e coerente (Moraes, 2004).

O pós-modernismo se revela como um fenômeno de mudança de mentalidade e estilos de vida, destacando a importância dos contextos locais e regionais como formas de interações específicas, podendo promover determinadas consciências e práticas que marcam um estilo de vida. Esta nova forma de apreciação da realidade tem como consequência uma influência direta em como o lazer dialoga com as relações sociais, de trabalho e de consumo cultural.

Como dissemos anteriormente, temos forte convicção que uma discussão aprofundada sobre os interesses culturais do lazer se relaciona ao tempo e ao espaço das vivências e das fruições. Fizemos esforço de apontar essa relação na tradição filosófica e, destarte, fazemos novo esforço para demonstrar que a relação permanece e é intensificada pelo discurso pós-moderno. Para isso, trazemos alguma contribuição de dois expoentes desse movimento: Antony Giddens (1989, 1991) e Zygmunt Bauman (1999a, 1999b, 2001); embora nenhum dos dois tenha se identificado com o termo *pós-moderno* para o estágio atual do mundo, uma vez que o primeiro utiliza o termo *modernidade avançada* e o segundo *modernidade líquida*.

Para se compreender a noção de tempo e espaço em Giddens (1989, 1991), é necessário saber que essas categorias estão colocadas na sua elaboração sobre a teoria da estruturação. Essa teoria pretende explicar a sociedade, em alternativa às críticas ao funcionalismo, ao estruturalismo, à hermenêutica e outras formas de sociologia interpretativa, as quais, embora sejam êmulas, sofrem críticas da mesma forma em relação à primazia do sujeito, ou das estruturas sociais como um todo, na explicação das condutas humanas em sociedade. Não temos condições no limite desse texto para nos debruçarmos sobre a riqueza da obra de Giddens (1989, 1991), mas deixaremos um comentário sobre seus argumentos em relação à querela da conduta humana para mais adiante, quando formos nos referir ao tema da atitude no âmbito dos interesses culturais do lazer.

Para nós, agora importa como Giddens (1989, 1991) pensa o espaço e o tempo como elementos na sua explicação da sociedade na modernidade avançada, e essa explicação se situa no debate pós-moderno, no qual há destaque para as questões de reflexividade. Um conceito que pode ser dado a esse termo insere-se em um debate moderno entre quem acredita na liberdade individual e nas decisões dos indivíduos reflexivos sobre suas ações e os que acreditam que as estruturas sociais incidem decisivamente nas decisões dos indivíduos por meio de coerções.

Nesse sentido, em Giddens (1989, 1991), a modernidade, ao contrário da tradição, favoreceu que as relações sociais ocorressem de forma diferenciada, porque os "lugares" e os tempos de encontro não são mais determinados pelas distâncias de outrora, essas mesmas distâncias que determinavam localidades fixas, com encontros diretos (corpo a corpo), práticas humanas fixas e, portanto, identidades fixas. Eram as distâncias que determinavam o tempo, a duração dos fatos, mas as condições históricas de desenvolvimento da humanidade, com o advento da tecnologia (desenvolvimento dos meios de comunicação) e desenvolvimento dos meios de transporte, modificaram as relações de distância e, portanto, de tempo. A relação entre espaço e tempo foi assim invertida.

Giddens (1989, 1991) diz que as alterações dimensionais a que foram submetidos tempo e espaço esvaziaram a ambas as categorias e a esse esvaziamento ele nomeou de desencaixe. Dessa forma, com espaço e tempo desencaixados, o lugar não se faz mais fator determinante para as relações sociais, uma vez que a relação corpo a corpo já não é mais um limite para a comunicação e a ocorrência de comunicação não necessita de definições de tempo e espaço. Por isso, o mundo moderno é mais dinâmico e o processo histórico se faz muito mais rápido, tornando tempo e espaço efêmeros (vazios).

As proposições de Giddens e Bauman sobre a sociedade no mundo contemporâneo podem ser encontradas de forma divergente em alguns aspectos como, por exemplo, sobre a política. Giddens (1989) acredita no indivíduo liberto de grilhões da tradição, o que lhe credita condições de viver intimamente a democratização de suas emoções e assim democratizar a democracia.

Por sua vez, Bauman (1999b) acredita que as relações humanas podem passar por resfriamento em razão da experiência do isolamento e da insegurança e, dessa forma, os indivíduos estão expostos ao medo do futuro e, consequentemente, indispostos a se arriscar em ações políticas. Apesar das diferenças interpretativas, há pontos de convergência entre os pensadores em tela, dos quais podemos destacar a concepção do espaço e do tempo na modernidade.

Para Bauman (2001), chamar o estágio do mundo contemporâneo de modernidade líquida significa considerar que está submetido a mudanças generalizadas e, por isso, tudo é liquido, fluído, não mantém estabilidade na forma. Para o autor, essa modernidade surgiu justamente quando o espaço e o tempo foram separados do cotidiano prático da vida e entre si, uma vez que em tempos idos, havia uma relação biunívoca entre ambos. Nisso se aproxima de Giddens, ainda que particularmente Bauman (2001) diga que o espaço se expande e que o tempo avança com a velocidade do movimento através do espaço, graças à engenhosidade humana em termos de capacidade e imaginação.

Espaço e tempo são líquidos, fluídos, mas considerados de forma diferente na particularidade, e complementares na relação. O espaço não se estabelece mais como um dado objetivo e físico, e sim como produto social. Bauman (1999b) vai dizer que a relação interespacial não se dá mais em termos de distâncias físicas, mas em relação à velocidade que permite a aproximação e distanciamento. Nesse sentido, o espaço é desvalorizado. Mas o contrário ocorre com o tempo, porque ele é datado, tudo percorre, tudo transforma. O tempo se torna leve e faz leve a história da modernidade. Mais uma vez há a primazia do tempo sobre o espaço.

Cremos mostrar que, para Bauman (2001), a modernidade é a própria história do tempo em sua emancipação do espaço, e isso é dado pela capacidade de inventividade operada pelo tempo. Segundo o autor, os velhos conceitos fixos "'espaço' é o que se pode percorrer em certo tempo, e que 'tempo' é o que se precisa para percorrê-lo" (Bauman, 2001, p. 129), não cabem mais, porque o tempo se dá independentemente de qualquer espaço para ser percorrido. Dessa forma, ao discutirmos os interesses culturais do lazer na perspectiva baumansiana, precisamos repensar as questões relacionadas aos espaços e equipamentos de lazer como dados físicos e fixos, da mesma maneira que precisamos repensar o tempo como dimensão do binômio ocupação/desocupação em relação às obrigações, porque a fluidez do tempo tornou leves cada um desses aspectos, precisando eles também ser reconceituados.

Dentre os desdobramentos diretos da discussão da relação entre espaço e tempo, os aspectos relacionados à cultura também precisam ser destacados. A caraterística pós-moderna, tanto a partir do que foi dito em Giddens quanto em Bauman, "revolucionam" o entendimento do conceito de cultura, apontando transformações nas artes, religião, sexualidade, meio ambiente, alimentação, hábitos e estilo de vida, relações humanas e consequentemente nas opções de vivências no âmbito do lazer.

As formas de apropriação da cultura, as diversas formas de vivências, as sensações e as intencionalidades para a realização das atividades são inúmeras, chegando a quase uma impossibilidade de categorização de interesses, sendo que, todos os interesses culturais podem estar presentes em uma só atividade. As novas concepções de espaço nos âmbitos real e virtual, bem como a possibilidade rápida no tempo de interlocução de informações, imagens e até mesmo sensações, exemplificam esta nova condição. Isso pressupõe diferentes reflexões no âmbito da categoria "atitude" relacionada ao conceito de lazer como também aos interesses culturais.

6.3 Atitude e interesses culturais: uma abordagem filosófica

Na querela entre os que acreditam no domínio do "todo social" sobre o indivíduo e suas ações, e os que acreditam em contrário, Giddens (1989) tenta conciliar as duas tendências na sua teoria da estruturação. Para isso, o autor afirma que:

> O domínio básico de estudos das ciências sociais, de acordo com a teoria da estruturação, não é a experiência do ator individual nem a existência de qualquer forma de totalidade social, mas as práticas sociais ordenadas no espaço e no tempo. As atividades sociais humanas, à semelhança de alguns itens auto-reprodutores na natureza, são recursivas. Quer dizer, elas não são criadas por atores sociais, mas continuamente recriadas por eles através dos próprios meios pelos quais eles se expressam como atores.
> (Giddens, 1989, p. 2)

Vê-se que há destaque tanto para os sujeitos ativos nos processos quanto para os contextos sociais. A relação é operada por meio da elaboração da ideia de sistema social, afirmando que cada sistema social se faz pela relação entre sujeitos individuais ou coletivos de sujeitos por meio da organização de "práticas sociais regulares" (Giddens, 1989, p. 20). Ao fazer tal assertiva, o autor passa a dar centralidade à prática, a qual deve ser observada no interior das propriedades estruturais dos sistemas sociais, uma vez que não se pode falar de estrutura fixa, dados os desencaixes de tempo e espaço. As condições de tratamento das propriedades estruturais e estabelecimento dos sistemas sociais constituem o conceito de estruturação, daí o nome da teoria que surge da relação dialética entre ação e estrutura.

A teoria de Giddens é importante para pensarmos a prática dos agentes sociais quanto aos interesses culturais, principalmente porque a própria ideia de prática precisará de novas interpretações a partir da discussão da opção pelo ócio. Bem por isso que concordamos com Lins (2012) quando se refere à necessidade de se questionar pelos significados, porque com frequência podemos estar enganados quanto ao que significamos quando pensamos os objetos, tais como no nosso caso, a "atitude".

Com Bauman (2001) podemos observar uma densa discussão sobre emancipação, enquanto expressão de liberdade, embora se questione se isso seria bom ou ruim *a priore*. Nesse sentido, o autor desenvolve argumentos para mostrar o posicionamento do indivíduo e suas ações em relação ao coletivo e de como isso se modificou durante a modernidade no tempo e no espaço. Um bom exemplo dessa argumentação é a distinção entre indivíduo de *jure* e indivíduo de *facto*. O primeiro tem somente a si para culpar por seus fracassos e desilusões, não tendo condições de atribuir responsabilidades a outros. O segundo tem postura mais ativa, não de culpabilização por suas ações, mas de responsabilidade por seu destino, sendo que somente terá esse *status* se possuir a condição de cidadão. Tal condição só pode ser alcançada no espaço público, porque esse é o espaço de interação com os outros, e onde pode surgir o indivíduo de *facto*. No entanto, o autor é pessimista ao afirmar que em muitas situações o espaço privado tem amplo domínio sobre o espaço público, potencializando o surgimento do indivíduo de *jure*.

Não podemos nos esquecer de que a primazia do tempo sobre o espaço na perspectiva baumansiana permite conceber uma desvalorização do espaço, seja ele público ou privado. Isso coloca em dificuldade a ação do indivíduo se não estiver atento ao domínio do tempo. Segundo Bauman (2001), o capital tem um domínio mais competente sobre o tempo e, portanto, sobre a mobilidade. Entre as consequências desse domínio do capital sobre o tempo e, portanto, sobre o espaço, está a conversão dos indivíduos em consumidores nos espaços.

Para o autor supracitado, é preciso atenção a esse domínio do capital, porque é um dos sinais da transição da modernidade, entre uma dimensão mais pesada da modernidade para uma mais leve. Bauman (1999b) já havia anunciado que nessa transição há um controle sobre o indivíduo que transita de um controle panóptico para um sinóptico. O primeiro era realizado por um número menor de indivíduos sobre os outros, com localização restrita e disciplinarização imposta, obrigando os indivíduos sob controle a se manterem sob determinada condição de confinamento.

O controle sinóptico, por outro lado, possibilita vigilância global, virtual, não importando a posição ocupada pelos indivíduos sob controle no espaço. O curioso é que, embora sobre maior intensidade, o controle é menos coercitivo, porque os indivíduos sob controle são persuadidos ao controle, isto é, tornam-se auto controladores. Não por menos, Bauman (2001) afirmou que essa estratégia do capital é leve e tem mobilidade suficiente para gerar instabilidades, o que garante a dominação por meio de divisões no tecido social. Os argumentos baumanianos apresentados nos permitem pensar a necessidade da emancipação diante das opções de lazer, considerando os diferentes interesses culturais e a possibilidade sempre dominante de influências da indústria cultural.

As práticas caracterizadas como pós-modernas surgem como resposta de diferenciação frente à homogeneização de massas, mas, ao mesmo tempo, se realimentando delas. Esta proposta tende a não possuir identidades fixas, e sim se flexibilizando a partir dos gostos, estilos e afinidades que forem surgindo, valorizando a heterogeneidade de narrativas (Pimentel, 2010). Além disso, estas práticas tendem a fragmentar o entendimento de tempo e espaço, como por exemplo, o *e-tourism* como forma de "consumir" cultura de outros países ou uma simples busca na internet.

Como já apontado anteriormente, apesar de terem sido levantadas diversas críticas às proposições apresentadas por Dumazedier, e posteriormente, por Camargo e Schwartz, que buscaram classificar de maneira pedagógica os interesses culturais do lazer, outras possibilidades de classificação não foram propostas gerando uma carência teórica e reflexiva nos estudos recentemente publicados no Brasil. Por isso, buscamos não focar na crítica às teorias apresentadas, mas apresentar uma possibilidade de ampliarmos o olhar às discussões dos interesses culturais do lazer.

Nessa perspectiva de análise, observamos que o termo *interesses culturais* se debruça atualmente nas discussões relativas aos processos de educação da valoração do tempo, bem como sobre o entendimento do lazer como uma necessidade humana, incorporando na leitura da realidade, parâmetros não racionais, como emoções, sentimentos e o comportamento lúdico. Dessa forma, ainda que não seja admitido, talvez muitos dos pensamentos podem ser explicados pela ampla teorização já desenvolvida a respeito da impactante função que o tempo desempenha nas nossas formas de pensar e nas nossas atitudes.

Em razão da compreensão supra demonstrada, apresentamos a crítica ao modo como a categorização dos interesses culturais é entendida pelo campo teórico e prático do lazer, sendo utilizadas, na maioria das vezes, somente como estratégias possíveis de serem implementadas em programas de lazer, com vistas a atingir determinado objetivo (Melo, 2004).

Esse atributo pode ser exemplificado ao analisar o acesso às atividades vivenciadas no contexto do lazer relacionando-o aos fatores referentes à idade, sexo e características sociodemográficas (Andrade; Schwartz; Felden, 2018). Os valores e normas culturais determinam como certos grupos sociais devem se comportar e quais escolhas são mais "apropriadas". Estes dados nos fazem refletir sobre como vem sendo realizado o processo educativo que envolve os interesses culturais, pautados, na maioria das vezes, por práticas hegemônicas disseminadas especialmente pelo mercado.

Brasileiro (2013) destaca que na contemporaneidade vivemos a transição de uma sociedade industrial/moderna, pautada na produção de bens materiais para uma sociedade pós-industrial/moderna, centrada na produção de meios não materiais, como informações, símbolos, estética, condutas e valores. Esta condição de mundo justifica a emergente ampliação do entendimento do conceito de lazer, no sentido da apropriação do tempo e do espaço.

No sentido de superar a funcionalização das atividades do contexto do lazer, Schwartz et al. (2016) apontam abordagens atuais que aliam a discussão de tempo e espaço aos elementos relacionados aos processos motivacionais que envolvem o engajamento em atividades no contexto do lazer. Esta busca é marcada pelo desejo de novas vivências e pela possibilidade de viver experiências com emoções inusitadas, diferentes daquelas vivenciadas no dia a dia. Gomes (2014) complementa esta proposição, destacando que o lazer apresenta como principais elementos as relações com o tempo (disponível), com diversas formas de manifestações e linguagens, com os espaços e equipamentos, e com as atitudes e valores a ele associados, potencializando-se como um elemento da cultura.

Corroboramos o pensamento da autora supra mencionada considerando que o entendimento atual sobre o lazer existe a partir das relações que estabelece com outras dimensões, como o trabalho e os modos de apropriação da cultura. Nos estudos do lazer normalmente essa visão de cultura se complementa com o que diz Melo (2004), segundo o qual, o conceito de cultura abrange duas perspectivas importantes que dialogam entre si, sendo a primeira, um conjunto de normas, hábitos e valores que norteiam a vida humana em sociedade, e a segunda, as formas de organização, representações e sensibilidades. Os conteúdos ou interesses culturais precisam ser considerados como quaisquer elementos destas duas perspectivas, ou ainda, a articulação de ambas se considerarmos a discussão que já fizemos a respeito das perspectivas mais amplas de abordagem conceitual de cultura desde as contribuições atuais nas perspectivas multi e intercultural.

O entendimento sobre o espaço, o tempo e a atitude na visão pós-moderna se torna determinante para compreender as transformações no mundo do lazer. Estas categorias são marcadas pela individualidade, a partir do momento em que se têm múltiplas opções de vivências, podendo adaptá-las de acordo com sua realidade e situação pessoal.

Entretanto torna-se urgentemente necessário pautar as intencionalidades do campo do lazer em ações educativas e baseadas na informação e na conscientização. A fluidez de tempo e espaço também nos leva a uma utilização de tempo desenfreada para atingir metas e prazos, fazendo com que as pessoas vivam o paradoxo da pluralidade de vivências dos interesses culturais do lazer sem a condição real de vivenciá-los.

Considerações finais

Com base em diferentes apontamentos e abordagens, buscamos, neste capítulo, suscitar reflexões acerca de questões conceituais relacionadas ao lazer e aos interesses culturais que pautam as atividades deste contexto. Buscamos não pautar nossas reflexões em críticas à tentativa de classificação realizada pelos autores Dumazedier (1975), Camargo (1979) e Schwartz (2003), mas, sim, problematizar a partir de aprofundamento em reflexões filosóficas de modo a contribuir com o campo teórico dos estudos do lazer para a qualificação dessa categorização.

Na tentativa de retomada de construtos conceituais e confrontação das discussões do campo com ampliação do quadro teórico nele percebido, tivemos o intuito de despertar para a importância do conhecimento. Foi por esse caminho que vimos a primazia do tempo sobre o espaço se constituir na tradição filosófica, sendo confirmada no movimento pós-moderno.

E por último, destacamos que as noções de tempo e espaço na atualidade, marcadas especialmente pela revolução tecnológica, vêm favorecendo com que a informação seja acessível a todos, de maneira rápida e globalizada. Esta característica traz como demanda urgente, trabalhar na difícil tarefa de traduzir esta informação em conhecimento, buscando incitar nas pessoas o anseio de vivenciar as atividades do contexto do lazer de maneira plena, com atitudes pautadas na consciência de ação do sujeito (Giddens) que se faz de *facto* (Bauman). Este processo envolve o despertar pelo potencial elemento de desenvolvimento humano, buscando a conscientização de cidadãos mais críticos e conscientes à realidade que vivem.

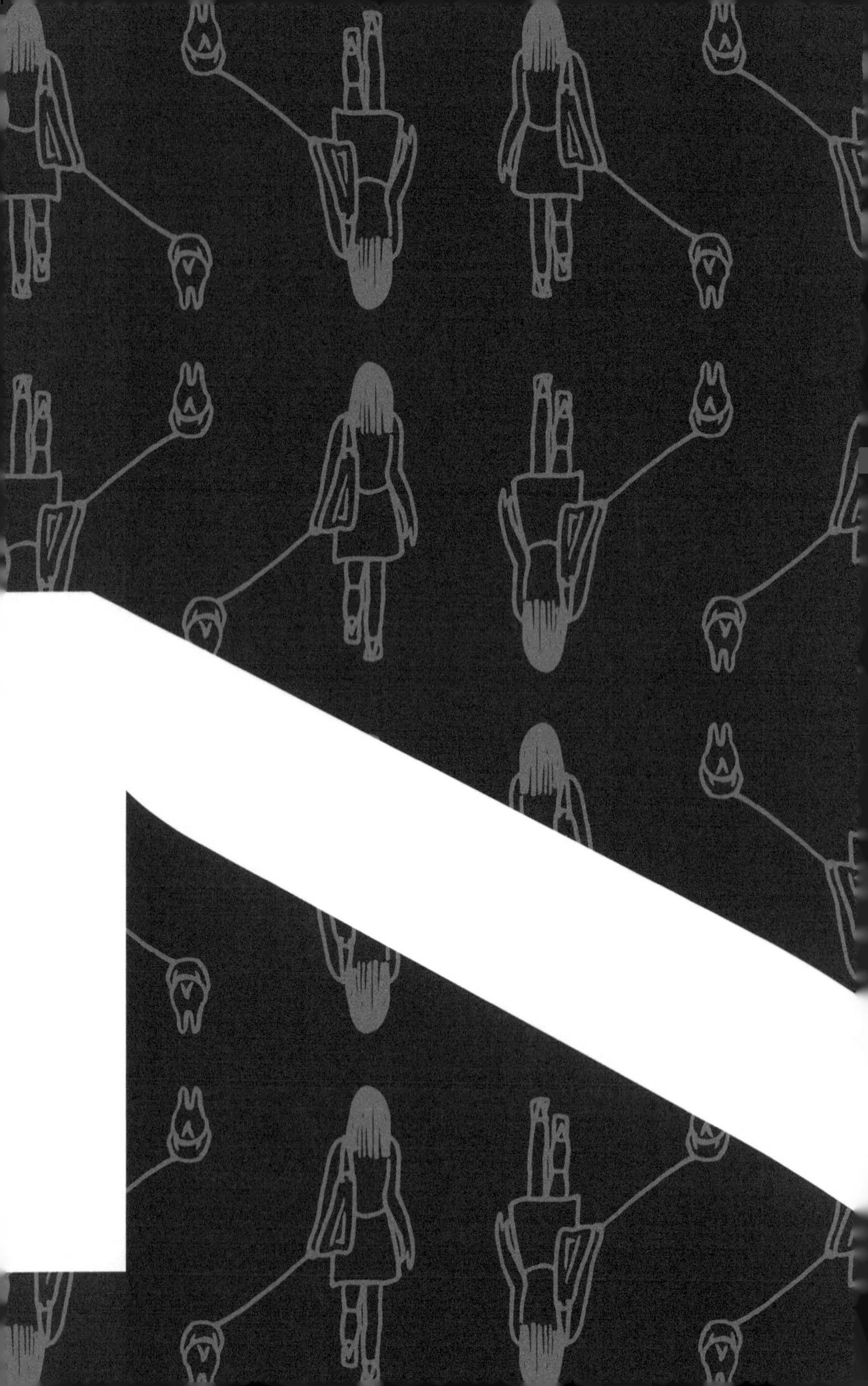

Teorias do lazer: entraves e perspectivas

Gisele Maria Schwartz
Giuliano Gomes de Assis

O lazer na modernidade, *grosso modo*, é fruto do direito – historicamente conquistado – de um "tempo livre" para se vivenciar conteúdos culturais, normalizados ao longo de um processo civilizatório de sublimação do lúdico. Diante dessa caracterização, é perceptível que o lazer se tornou um objeto multidisciplinar. Inicialmente, foi interrogado por disciplinas das humanidades, como filosofia, história, sociologia, psicologia e antropologia. Mas também há esforços de produção de conhecimentos sobre o lazer em áreas aplicadas, a exemplo de pedagogia, artes, turismo e educação física.

Tantos olhares permitem um objeto plural, mas reservam aos estudos do lazer alguns entraves. Do ponto de vista da relação entre teoria e produção do conhecimento na área, ainda não está elucidado o lugar do lazer na ciência. Ele é um tema, objeto, área ou campo? A definição do que é o lazer aos olhos acadêmicos, passa pela questão teórica, ou seja, a existência de enunciados explicativos do fenômeno. Esse aspecto é efetivamente fulcral, uma vez que, para superar os relatos de experiência ou os julgamentos de valor como forma de compreender a empiria em torno do lazer, necessitamos de ferramentas teóricas eficazmente pensadas para

esse objeto. Dada essa lacuna, gostaríamos de destacar quatro inquietações:
1. Quais são as fronteiras ou fatores que definem a passagem de uma proposta teórica para uma efetiva teoria?
2. Quais as contribuições das diversas áreas para a consolidação de teorias sobre o lazer?
3. Quais teorias efetivamente enfatizam o lazer em primeira instância, sem que este esteja subordinado como assunto secundário, desenvolvido pelo olhar de determinada área do conhecimento?
4. Seriam as teorias do lazer ainda emergentes?

Essas inquietações perpassam o olhar de diversos pesquisadores, os quais se dedicam a compreender e difundir os meandros dos conhecimentos relativos ao fenômeno do lazer. Abordar teorias do lazer, seja nos cursos de graduação, seja nos de pós-graduação de diferentes áreas, representa, sempre, um grande desafio, o qual merece novas reflexões.

7.1 Como reconhecer uma teoria do lazer?

Ao se tomar em foco a primeira inquietação, observa-se que a compreensão sobre o fenômeno do lazer passa pelas contribuições de diferentes áreas do conhecimento. De fato, Long (2013), ao elencar a formação de quem publica nas principais revistas de lazer na língua inglesa, identifica que sociologia, psicologia, geografia e economia juntas dominam 90% dos artigos. Essas abordagens reiteram a importância de um olhar interdisciplinar e prismático sobre esse fenômeno, ainda que isso possa concorrer para dificultar a consolidação do que seria uma teoria sobre lazer.

Essa complexidade é aumentada no Brasil, onde boa parte da produção em estudos do lazer é proveniente de grupos oriundos da educação física (Dias et al., 2017) que, por falta de uma matriz própria, buscam referencial de autores-chave da sociologia/filosofia, tais como Adorno, Elias, Foucault, Habermas, Bourdieu, Bauman, Baudrillard e Maffesoli. E, como pondera Gomes (2013), há o agravante em dependermos de autores do hemisfério norte, longe de um pensamento latino-americano sobre o tempo livre. Assim, consumimos ideias de autores de outras disciplinas, culturalmente exógenos, e que não estavam diretamente preocupados com o estabelecimento de uma teoria para o lazer.

Logo, para a produção de um ponto de vista concreto, precisamos realizar um triplo esforço interpretativo para adequar as análises à realidade brasileira, no contexto de uma dupla crise identitária, já que, nem os estudos do lazer e sequer a educação física, estão amadurecidos epistemologicamente. Não obstante essa crítica, a realidade da produção sobre lazer envolve um rico intercâmbio interdisciplinar, que não pode ser ignorado.

Frente a essa complexidade constitutiva, não existe consenso sobre o que seja, de fato, uma teoria do lazer. Dessa forma, precisamos, inicialmente, diferenciar uma proposição teórica e teoria. Pode-se perceber que as proposições teóricas se referem a afirmativas teóricas de amplo alcance na área. Conforme as consagradas contribuições de Aristóteles (1985), as proposições enunciam valores e juízos atribuídos por uma sociedade, de modo mais particularizado.

Uma proposição é verdadeira, se existe um fato real correspondente, isto é, se ela expressa o que ocorre na realidade. Entretanto, ainda que uma proposta teórica seja considerada importante para o esclarecimento de determinado aspecto do campo do conhecimento, ela precisa ter a validade reconhecida, de direito e de fato, pela comunidade de pesquisadores sobre a temática.

Sendo assim, determinado pensamento expresso, ou modelo conceitual proposto, precisa se adequar e corresponder efetivamente à realidade e ter validade reconhecida. Somente desta forma, com reconhecimento acadêmico universal é que uma proposição pode se transformar em teoria. A importância das proposições, é que estas podem conter as abordagens sobre os princípios norteadores para a fundamentação de uma teoria. Portanto, as proposições no campo teórico do lazer podem auxiliar a estabelecer os princípios que deflagram as teorias capazes de explicitar o fenômeno do lazer, sendo bastante válidas para a consolidação desta área de estudo.

Já uma **teoria** traz à tona um conhecimento tácito, sendo ratificada pelos estudiosos de determinada área. As teorias indicam mais do que uma lógica nas relações entre proposições aventadas, mas devem envolver também os porquês (Mckirahan Junior, 2017), além dos contextos em que essas proposições ocorrem e as diversas maneiras de testá-las. Esses elementos compõem as ciências de modo universal, em busca constante dos princípios e suas provas, representando, muitas vezes, entraves para que uma ou mais proposição se transforme em teoria. O atendimento a esses requisitos é que promove a superação das fronteiras que definem a passagem de uma proposta teórica para uma teoria.

Entre os passos para o desenvolvimento de uma teoria podem ser citados os fatores lógicos fundamentais, tendo-se consciência de que eles sofrerão alterações temporais. Entretanto, as bases e virtudes de uma teoria serão sempre consideradas, o que requer sensibilidade e conhecimento aprofundado sobre a temática.

Dada essa diferenciação entre proposição de uma teoria para o lazer e sua efetividade, em qual lado poderíamos posicionar os estudos do lazer?

7.2 Chega(re)mos a uma teoria do lazer?

É possível observar, no desenvolvimento das pesquisas sobre lazer, uma evolução rumo a uma proposição teórica? Os estudos de Rojek (1985, 1997) podem representar um primeiro olhar sobre o assunto. Rojek (1985) auxiliou a pensar criticamente sobre o lazer, deflagrando as bases de seus estudos nas teorias sociais, disseminando a ideia de lazer como mudança, baseada na liberdade e na autodeterminação. É perceptível, pois, que a objetivação do lazer como objeto acadêmico tem sua origem em disciplinas do grande campo das ciências humanas e sociais. Portanto, se há uma teoria do lazer é mais provável que seja uma teoria social.

A partir do período relativo ao pós-guerra, Rojek propõe a compreensão sobre as contribuições da sociologia para as teorias do lazer em três grandes períodos:

1. **funcionalismo/sociedade pós-industrial** (1945 a 1975) – em que o lazer era estudado com base na perspectiva do indivíduo e não da situação para as escolhas. As práticas promoviam integração social e desenvolvimento social. Entre os pontos frágeis dos estudos da época apresentava-se o exagero na autonomia dos atores sociais, com reforço à ordem social.
2. **crítica estruturalista** (1975 a 1990) – época da base no marxismo e no feminismo. O capitalismo era o contexto essencial em que o lazer ocorria. No entanto, neste período, não era mais o próprio sujeito que privilegiava as escolhas, mas, estas eram baseadas na desigualdade social e nas forças sociais. Além disto, o pensamento feminista alegava que as escolhas eram feitas com base no patriarcalismo, aspecto que era consenso, tanto na ideologia marxista, quanto no feminismo, haja vista que ambos concordavam que a supremacia patriarcal marginalizava a da mulher na sociedade civil e no lazer. Portanto, as forças externas é que deflagravam as decisões das ações humanas. Entre os pontos fracos desse período, Rojek apontou que o conhecimento tácito dos atores sociais era subestimado, sendo que o delineamento do lazer sofria influência das classes sociais.
3. **pós-estruturalista/pós-modernista** (1990-) – no qual as experiências cotidianas eram marcadas por fragmentação,

diferenciação, diversidade e mobilidade. A partir dessa época, a identidade passa a ser mais considerada, enfatizando-se a dinâmica entre processos globais e locais. São oferecidas mais oportunidades de escolha de vivências com mais liberdade, enfatizando a autodeterminação e negando características únicas para o lazer, tornando-o um fenômeno multifacetado.

Ainda que alguns estudiosos pertençam a determinado período destes elencados, não se pode dizer que havia consenso entre os pressupostos teóricos de cada um deles. Entre eles próprios, havia discordâncias que levaram a dificultar as formulações teóricas sobre lazer, resvalando até os dias atuais. Em decorrência disso, embora cada época fosse marcada por um movimento analítico dominante, é possível identificar estudos funcionalistas e estruturalistas presentes na sociologia do lazer. Aliás, essas influências podem ser vistas nas produções que são feitas pela educação física, a respeito do lazer. Um exemplo dado por Myskiw e Stigger (2015) é o emprego funcionalista do conceito de lazer ativo, que é base para o entendimento biodinâmico de que a atividade física no tempo livre ressoa nos indicadores de qualidade de vida.

Além do trabalho primoroso de Rojek sobre as teorias do lazer, outra periodização epistemológica sobre as teorias do lazer foi produzida por Spracklen et al. (2017), também em três grandes fases. A primeira corresponde à fase ingênua, marcada por ensaios, na qual não havia tanto rigor científico na coleta dos dados. Segundo esse autor, intelectuais oriundos de famílias burguesas começaram a adotar uma **ideologia marxista**, defendendo a ideia de que o ócio e o lazer representavam as únicas reivindicações legítimas da classe operária, a qual sofria exploração no mundo capitalista.

Dois estudiosos auxiliam a compreender esse período: Lafargue e Veblen. Paul Lafargue (1999), por meio do seu livro traduzido como O direito à preguiça, com sua crítica social, julgava que a sociedade não tinha liberdade. A ideologia dominante (burguesa, protestante e industrial) havia criado uma obsessão patológica pelo trabalho, tornando as pessoas escravas por vontade própria. Assim, esse autor almejava, não somente libertar o proletariado, mas, toda a sociedade.

Veblen (1899), outro nome expressivo das críticas nessa época, não se fundamentou diretamente sobre o lazer, mas, em seu trabalho sobre a Teoria da Classe Ociosa, formulada em 1899, o autor alertou sobre as ocorrências que permeavam a sociedade, com o surgimento da instituição de classes sociais. Ele ponderou sobre a classe dita, à época, como ociosa. Ele se fazia contrário ao pressuposto de que, ao maximizar seus lucros, os empresários estariam realizando o bem a toda a sociedade.

Na segunda fase, denominada de fase funcionalista ou utilitarista, o lazer era concebido como um apêndice do trabalho, ou como um mecanismo compensatório para o mundo do trabalho. O trabalho era considerado uma obrigação para se obter o sustento e se pagava para se obter direito ao lazer. Entre os representantes críticos dessa fase estava Mills (1969), em ensaio a respeito da liberdade, realizado em 1859, no qual o autor abordou a formação da nova classe média, além de contribuir para a formulação do conceito de dupla alienação lazer-trabalho.

Na fase crítica, os estudiosos procuraram se envolver cientificamente com a compreensão sobre o fenômeno do lazer. Esses pesquisadores procuraram superar, com suas ideias, as fases referentes às visões ingênua e funcionalista sobre o lazer. Entre as principais críticas elaboradas pelos estudiosos da época, estava a inquietação de que, o lazer ocorre dentro do tempo livre, entretanto, qual tempo é efetivamente livre? Outra inquietaçao que pairava na época era que o lazer poderia ser tomado como um espaço de desenvolvimento de possibilidades pedagógicas, porém, era importante compreender a pedagogia, não apenas com o intuito de reproduzir a sociedade, mas, para resistir a ela ou contestá-la.

Ao observar as periodizações de Rojek e de Spracklen se evidencia o desenvolvimento das abordagens sobre o lazer, mas não no sentido de proposições evoluídas para teorias. Um exemplo atual são as aplicações, ao lazer, de teorias que enfatizam o comportamento individual ou coletivo, como a teoria do fluxo, de Mihaly Csikszentmihalyi (1990), e a sociologia configuracional, de Norbert Elias (1990). Elas não dizem respeito ao lazer exclusivamente, mas contribuem para dar densidade analítica aos trabalhos empíricos. Por outro lado, ao olhar a geração presente de pesquisadores nacionais e estrangeiros, surgem proposições teóricas específicas, como "lazer virtual", "mercolazer", "lazer sério", "lazer desviante" e "ócio criativo", que ampliam o olhar sobre dimensões do lazer, mas que ainda não constituem uma unidade teórica.

Em conclusão, ao longo da história de investigação acadêmica sobre o lazer, pode-se perceber que as contribuições teóricas enfatizam o lazer, sobretudo, sob o olhar de diferentes áreas. Isto evidencia que o lazer ainda possui um papel, não raro, subordinado a um assunto dentro de determinada área, o que ratifica e conduz à segunda inquietação anteriormente apontada. À guisa de ilustração, podem ser elencadas algumas áreas, autores e elementos conceituais que auxiliam no entendimento sobre as teorias do lazer, no Brasil e no mundo.

7.3 Das contribuições da sociologia do lazer

O trabalho de Rojek (1997), intitulado *Leisure Theory: Retrospect and Prospect*, faz uma incursão geral sobre os grandes teóricos que desenvolveram suas ideias sobre o lazer, em diferentes campos da ciência. No campo de contribuições referentes à **filosofia**, Rojek evidencia o trabalho de DeGrazia (1962), o qual municiou as bases filosóficas para as teorias do lazer em analogia ao entendimento de ócio na Antiguidade, particularmente nas culturas grega e romana.

Em relação às contribuições da **sociologia** para os estudos do lazer, Rojek afirmou que as proposições teóricas sobre lazer germinaram a partir do desconforto e críticas à desumanização imposta pelo trabalho exacerbado. Essas críticas, sobretudo, se deram à sociedade industrial da década de 1950, tendo como protagonistas estudiosos como Friedmann (1961), Riesman (1964), Kerr et al. (1973) e Bell (1974), os quais auxiliaram a compreender o contexto da época.

Ainda no campo das contribuições sociológicas, Rojek salientou que alguns autores, conquanto não tenham abordado o lazer diretamente, com suas críticas fizeram avançar as bases teóricas sobre o lazer. Entretanto, como eles não o focalizavam efetivamente como tema principal das críticas, havia pouca contribuição a uma proposição teórica do lazer. Como exceção, para Rojek, a única abordagem clássica a qual focalizou efetivamente o lazer como foco do olhar foi a de Veblen (1899), o qual propôs a *Theory of the Leisure Class*. Apesar de sofrer muitas críticas na época, no olhar de Rojek essa foi uma teoria sofisticada, a qual tratava das interfaces do lazer e *status* social, mediada pelo consumo conspícuo, reiterando a importância do lazer na sociedade de massa.

Entre os estudiosos com contribuição mais recente e específica, destacamos Stebbins (1992), o qual propôs uma ideia teórica sobre o lazer, apontando três perspectivas. Uma, girava em torno do conceito de lazer sério, tomado com total dedicação do sujeito, com um envolvimento amalgamado ao estilo de vida. A outra focalizava o conceito de lazer casual, em que o envolvimento era esporádico e sem muito comprometimento e a terceira era referente aos profissionais envolvidos com o lazer. Entre as principais ideias desse autor, pode-se evidenciar um paradoxo, em que, por mais que as vivências no âmbito do lazer reforcem valores, também poderiam proporcionar um relaxamento das regras sociais. Para esta compreensão, o autor cita como exemplo o envolvimento com os jogos de azar, com o sexo bizarro, com os esportes violentos, entre outras possibilidades.

Outros autores contribuintes na perspectiva sociológica foram Edgar Morin (1990), o qual procurou entender como a massificação social produz mudanças profundas no modo como as pessoas se divertem, bem como, Norbert Elias e Eric Dunning (1992), os quais sugerem uma concepção sobre lazer que não na perspectiva do trabalho como categoria a priori, mas, na perspectiva do controle das emoções e das formas como estas induzem à busca pela excitação.

Outro nome que se faz presente nas discussões temáticas sobre lazer, ainda pautado no olhar da sociologia, é Anthony Giddens (1991). Ele elaborou a teoria da estruturação, em que a coersão é descrita como uma fixação de limites sobre as inúmeras opções que o sujeito pode ter. Para esse autor, o sujeito é um agente reflexivo, sendo importante considerar que a reflexividade requer um posicionamento e o empoderamento de cada cidadão, para vencer a coersão.

Alguns subsídios teóricos investiram na categorização dos **fatores restritivos ao lazer,** formulando uma base teórica importante para os estudos do lazer. Entre os estudiosos dessa temática, Crawford e Godbey (1987) deram suas contribuições, criticando os modelos conceituais, os quais afirmavam que as barreiras para o lazer eram apenas de natureza direta envolvendo as preferências e a participação no lazer. Entretanto, os autores avançam com estes estudos, estabelecendo 3 tipos de restrições ao lazer referentes aos fatores intrapessoais, envolvendo preferências pessoais pautadas em atitudes e estados subjetivos negativos, aos fatores interpessoais, cujas preferências são pautadas pela relação com os outros e aos fatores estruturais, cuja interferência do meio incide sobre a participação no lazer.

Um modelo de teoria sobre restrições ao lazer baseado no suporte empírico da **teoria do interacionismo simbólico** foi proposto por Samdahl (1991). Nessa proposta, a autora contribui para a compreensão acerca das questões teóricas envolvendo a liberdade e as restrições ao lazer. A autora contribuiu para compreensão das questões teóricas de liberdade e restrição no lazer. A interação social típica é caracterizada por restrições na função social. Essas restrições se caracterizam pela inibição na auto-expressão e representam dimensões importantes para se diferenciar o lazer dos outros contextos sociais.

Outras formas de abordagens sobre as restrições acerca do lazer trazem à tona a perspectiva do trabalho imaterial de Marx e a biopolítica de Foucault, nos olhares de Rose e Spencer (2016). Esses autores procuraram evidenciar como trabalho imaterial em espaços de lazer produzem subjetividades biopolíticas. Nessas bases, os autores fazem uma crítica social, investindo na dificuldade de se compreenderem os fenômenos do lazer e do trabalho como dimensões sociais distintas, pela desestabilidade dessa relação. Esses elementos, segundo os autores contribuem para uma concepção de lazer dinâmica, porém, constantemente assolada pelas estruturas da base capitalista, as quais, de formas encobertas, moldam as experiências cotidianas e restringem as perspectivas de participação e escolha no lazer.

No Brasil, as contribuições da sociologia para as teorias do lazer se fizeram presentes, inicialmente nos olhares de Renato Requixa (1979), Newton Cunha (2010), Maria Mousinho Guidi (1962), Gisela Taschner (2000), Luiz O. Camargo (1989) e Heloisa Bruhns (1997). Destaca-se, nesse grupo, Nelson Carvalho Marcellino (2000, 2007), o qual redimensionou o legado sociológico do francês Joffre Dumazedier, a referência mais influente na sociologia empírica do lazer. Marcellino optou por análises mais qualitativas e direcionadas a dimensões pedagógicas críticas, facilitando a apropriação desse campo em áreas aplicadas (educação física, especialmente). Outro aspecto importante neste autor, foi a ampliação do entendimento de lazer. Este passou de forma social de ocupação do tempo livre para "cultura [...] vivenciada (praticada ou fruída) no tempo disponível" (Marcellino, 2000, p. 31).

7.4 Estudar o lazer como cultura

Essa mudança da compreensão do lazer estritamente no âmbito psicológico/sociológico para o cultural foi se evidenciando como tendência. Os procedimentos metodológicos, os quais, antes, eram baseados em sociometria quantitativa do tipo orçamento tempo ou *survey*, passaram a ganhar contornos mais qualitativos, especialmente por meio de etnografias ou pesquisas participantes. No Brasil, a obra *Festa no pedaço* (Magnani, 2003) é tomada como um marco para uma mudança metodológica no trabalho de campo, com uma orientação culturalista em trabalho de campo participante. Todavia, como o próprio Magnani (2000) destacava, não se constroem os estudos do lazer copiando o fazer da antropologia. Ainda faltava, mais uma vez, uma matriz compreensiva específica.

Para Melo (2005a), os estudos culturais parecem uma perspectiva fértil e homóloga para compreender as diferentes apropriações do lazer como experiência cultural. Em contraposição a uma visão hierárquica da cultura, se passa a pensar que todos produzem cultura e, mesmo frente aos produtos da indústria cultural, cada grupo estabelece recepções diferenciadas da cultura de massas. Inclusive, do ponto de vista científico, há a predileção pela flexibilidade teórica, mais pautada na conciliação da teoria com a intervenção crítica, do que propriamente em se engessar a compreensão da cultura em uma teoria.

Nesse paradigma, dos estudos do lazer como uma forma versátil de pesquisar a diversidade, a contribuição dos estudos culturais para as teorias sobre lazer se faz presente com diferentes enfoques temáticos. Um deles, diz respeito às concepções teóricas envolvendo o lazer e os imigrantes. Os imigrantes vivenciam sete estágios de assimilação cultural, os quais vão da assimilação comportamental ou aculturação, assimilação estrutural, conjugal, identitária, atitudinal, acolhimento comportamental, até a assimilação cívica, conforme salientou Gordon (1964).

Com o foco nessa perspectiva do lazer de imigrantes, Walker, Deng e Dieser (2005) buscaram compreender os elementos da cultura e da autoconstrução, com base na adaptação dos imigrantes diretamente ao contexto do lazer. Os autores ressaltam que a autonomia e a motivação para as escolhas pessoais são decisivas e podem afetar as escolhas no campo do lazer, quando estas variáveis estão associadas ao processo de imigração. Os autores ainda revigoram as preocupações conceituais e metodológicas, quando se associa a compreensão de si e os elementos culturais relacionados com as vivências no âmbito do lazer. Outra problemática aventada pelos autores é que as teorias gerais de assimilação tendem a simplificar esse processo, no que tange aos imigrantes, apontando que isto pode perpetuar elementos discriminatórios.

Walker e seus colaboradores salientam que as teorias que se baseiam na etnicidade, procuram investigar os comportamentos de imigrantes no contexto do lazer, focalizando as questões relacionadas à identidade étnica, à mobilidade étnica, ao coletivismo, aos estilos grupais, entre outros elementos, porém, um dos desafios para futuros estudos nesta linha, será a proposta de estratégias de operacionalização da assimilação de imigrantes, procurando determinar os valores que cercam esse processo, com novas visões de mundo e de concepções, inclusive, sobre o lazer.

Ainda referente às relações entre lazer e imigrantes, Hudson et al. (2013), estabeleceram seus estudos acerca da problemática da etnia e do autocontrole sendo variáveis restritivas ao lazer. Nesse modelo proposto, as conclusões salientaram que há variações étnicas, de formas de participação e de aspectos de conhecimento de si, quando se focalizaram as relações inter e intrapessoais, bem como, as restrições estruturais referentes ao lazer. Portanto, a autocompreensão pode afetar diretamente o comportamento relacionado ao lazer.

7.5 Psicologia do lazer e o enfoque no bem-estar e na satisfação

No campo da **psicologia** e suas contribuições aos estudos do lazer, podem ser elencados temas bastante variados. Beard e Ragheb (1980) estudaram a satisfação no lazer. Para eles, a satisfação no lazer se refere aos sentimentos ou percepções positivas experienciadas pelas pessoas, quando da participação em atividades do âmbito do lazer, sendo concebida com base em seis dimensões: psicológica, educacional, social, relaxante, fisiológica e estética. Uma de suas contribuições mais relevantes foi que o foco estava no contexto do lazer especificamente. Além disso, os autores elaboraram uma escala designadamente para compreenderem como se dava a satisfação no contexto do lazer. Essa escala promoveu a reflexão sobre importantes construtos relativos ao lazer e as formas de aproximação com suas experiências.

Uma das contribuições mais significativas, diretamente relacionando a psicologia ao lazer foi a de John Neulinger, em 1974. Em seu livro intitulado *The Psychology of Leisure*, Neulinger evidencia, sobretudo, as relações entre a liberdade percebida e a motivação intrínseca, delineando o comportamento no contexto do lazer. Esse pesquisador foi estimulado a traçar essa relação, por perceber que o campo do lazer seria um lugar potencialmente interessante para compreender as dinâmicas da personalidade. O autor sugeriu diversas aproximações entre as temáticas e foi enfático em criticar as abordagens que posicionavam o lazer em contraposição ao trabalho. Para ele, o problema maior estava em compreender como os indivíduos se apropriavam ou experimentavam o tempo disponível, tendo como dimensão principal, a percepção da liberdade.

Iso-Ahola (1980) apresentou suas proposições teóricas baseadas na psicologia social. O autor apontou diversos estudos no campo da psicologia, os quais foram publicados nos anos 1970, porém, estes tratavam do tema lazer de modo indireto e secundário. O autor chama a atenção para a necessidade de se focalizar diretamente o campo do lazer, por meio do olhar da psicologia, enfatizando a importância desse fenômeno, o qual ainda tem muito a ser investigado.

Munné (1980) e Munné e Codina (2002), também baseados na perspectiva da psicologia social, trazem as interfaces do lazer com outras áreas das atividades humanas, salientando as discussões sobre tempo livre, tempo disponível e os fundamentos do conceito de ócio, suas características de ambivalência e multifomidade. Os autores trazem o olhar crítico sobre as concepções de compensação e percepção de liberdade, revigorando a valorização do ócio pelo protagonismo, o qual contém a liberdade.

Chang, Wray e Lin (2014) buscaram compreender como o envolvimento no lazer pode influenciar os vínculos entre as relações sociais e a saúde em idade avançada. Os autores chegam à conclusão de que as vivências de atividades no contexto do lazer mediam e incrementam relações sociais positivas, além de estarem diretamente associadas a melhoria da saúde em idade avançada.

Newman, Tay e Diener (2014) se referem ao lazer como ponto-chave na vida, estritamente ligado ao bem estar subjetivo. Na visão desses autores, o lazer é uma construção multidimensional, sendo constituída por elementos estruturais e subjetivos. Os autores apresentam cinco mecanismos psíquicos desencadeados pelo lazer na promoção do bem-estar subjetivo, a saber: desapego – recuperação, autonomia, domínio, significado e afiliação. Ainda são ressaltadas as formas com que as pesquisas futuras podem fazer uso desse modelo conceitual, para compreender e reforçar as interfaces entre bem-estar e lazer.

Sirgy, Uysal e Kruger (2016) também se dedicam a evidenciar as relações do lazer com o bem-estar subjetivo. A contribuição deste trabalho para as teorias do lazer é que, no modelo proposto pelos autores, além de ser evidenciada que a participação em atividades do contexto do lazer é capaz de promover a satisfação de necessidades básicas, também catalisam a satisfação de necessidades simbólicas, estéticas, morais e de relacionamento. Nesse modelo proposto, os autores ainda reiteram a ampliação de benefícios para a saúde em geral, quando as atividades são combinadas com traços de personalidade e objetivos correspondentes dos sujeitos que vivenciam as opções no lazer. Entre as vantagens elencadas pelos autores nesta perspectiva teórica, estão a conscientização sobre segurança, maior sensibilidade aos preços, hedonismo, vivência de sensações, conscientização sobre o status social, valorização estética, sensibilidade moral e sociabilidade.

7.6 Estudos do lazer no tempo presente

Na atualidade, reitera-se um período de transição, havendo a transposição da modernidade, com todas as suas características, para o que Bauman (1999a) trata como modernidade líquida, tendo ressonâncias no campo do lazer. Sob esse conceito, o filósofo evidencia que todas as condições da sociedade se alteram em espaços de tempo mais curtos. Para ele, a liquidez associada ao tempo das coisas não permite mais a consolidação de hábitos rotineiros. Com isso, todos os elementos da cultura são diretamente afetados, haja vista que promove incertezas, descontinuidades, necessidades de reinícios constantes, de descartar coisas e pessoas, as quais perdem a utilizada logo que são usufruídas, alimentando uma vida de consumo exacerbado.

Com estes elementos mais transitórios, os sujeitos sociais ampliam a sensação de liberdade de escolha, inclusive no que concerne ao contexto do lazer. Entretanto, não raro, esta transformação leva a uma pseudoliberdade, uma vez que existem mais possibilidades de escolhas, contudo, nem todos podem alcançá-las. Essa perspectiva reduz o senso de segurança e ressalta a alienação e novamente, a divisão social, com suas devidas discrepâncias.

No Brasil, se poderia abordar essa liquidez no lazer a partir da constituição de novas configurações, de modo que o lazer passa a ser encarado na perspectiva do consumidor. Esse movimento é concomitante à relativização dos direitos sociais, como é o caso da flexibilização das leis trabalhistas. Ora, se a concepção vigente de lazer está ancorada na regulamentação de um tempo de não trabalho, como pensá-lo em um contexto de perda dos direitos sociais?

Caso assumamos essa leitura da realidade, vale questionar se a emergência de teorias do lazer permite análises densas para, além da compreensão do fenômeno, solucionar as questões que a vida contemporânea vem impondo. Retomemos algumas premissas:

- Há diferentes áreas que produzem matrizes analíticas para os estudos do lazer, incluindo sub-disciplinas historicamente bem delimitadas, como é o caso da sociologia do lazer, cujo primeiro diretor de comitê de pesquisa na ISA (International Sociological Association) foi Joffre Dumazedier.
- Esse caráter multidisciplinar, resulta em diferentes abordagens metodológicas. Isto pode ser ilustrado nos dados de Long (2013) sobre os métodos mais recorrentes nas publicações internacionais: revisão (8-19%), estudo teórico (0-21%), estatística descritiva (4-24%), estatística probabilística (1-12%), estatística multivariada (5-44%), entrevista (7-16%), etnografia (4-12%), semiótica (2-12%) e mix metodológico (15-11%).

- Também identificamos cursos técnicos, tecnólogos e superiores, com conteúdo relacionado à temática do lazer e a fenômenos correlatos. Vemos graduações tanto em Lazer quanto em Turismo, Administração, Pedagogia, Artes e Educação Física empreendendo formação e produção de conhecimento, para a intervenção nesse campo.
- A forte associação da área com a intervenção tem resultado em menos ciência ou teoria do lazer e mais proposições teóricas, as quais buscam enriquecer práticas sociais, particularmente relacionadas à educação e às políticas públicas.

Como consequência, nossas energias não estão totalmente direcionadas a produzir teorias próprias. Com serenidade, é preciso encarar duas consequências:

1. A difícil concretização de uma teoria do lazer. A autodenominação da área como estudos do lazer já prenuncia uma preocupação mais aplicada, do que a formulação de teorias próprias. Perde-se em identidade epistemológica e recorrentemente a área precisa se abastecer de teorias formuladas nas disciplinas-mãe (psicologia, sociologia, antropologia, entre outras).
2. Em compensação, essa configuração menos robusta teoricamente possui suas vantagens, por tornar a área relativa aos estudos do lazer mais dinâmica e com mais interfaces com os temas emergentes. Um exemplo, é a questão do "lazer e vida com qualidade em tempos de violação dos direitos sociais", para a qual os estudiosos do lazer buscam elementos multidisciplinares, com o intuito de compreenderem a dinâmica neoliberal no esfacelamento do lazer e do trabalho como conquistas civilizatórias. Com isso, a preocupação com as transformações sociais reverbera no que se pesquisa, já que o distanciamento da prática é menos sentido entre pesquisadores aplicados do lazer.

Considerações finais

Com base nos estudos elencados, pode-se perceber que ainda paira a dúvida se o que se tem até o momento, em termos de produção acadêmica, reflete efetivamente as teorias sobre lazer, ou estas teorias propriamente ainda são emergentes e não consolidadas, sendo necessário, ainda, o apoio de outras ciências para que se possam compreender os meandros do lazer.

Em termos majoritários, poderíamos assumir que o paradigma reinante no campo é que existe um objeto (lazer) com suas categorias complementares (tempo livre, ócio, recreação, lúdico, diversão). Existe, também, um campo, observado pela organização de atores em torno de eventos, periódicos e associações de pesquisa sobre o lazer. Todavia, não há uma *episteme* própria, sendo necessário buscar em disciplinas-chave os alicerces metodológicos. Por isso, há possibilidades, tanto para pesquisar o lazer a partir dessas disciplinas já sedimentadas, seguindo suas tradições, quanto para se aglutinar aos Estudos do Lazer, onde as proposições teóricas ainda estão imaturas, mas, por outro lado, se experimenta maior liberdade para intervenção social.

Entre as sugestões para novos estudos encontra-se a perspectiva de se compreender como determinada teoria sobre lazer impacta a escolha e a participação no contexto do lazer. Para isso, torna-se premente, portanto, que o campo de estudos do lazer reconheça sua importância, de fato, como um direito social. Isto exige que os estudiosos dessa área possam rearticular os contributos teóricos acerca dos conccitos, características e dimensões, para que se incrementem valores democráticos, inclusivos, de tolerância e, sobretudo, de respeito para com o direito ao lazer.

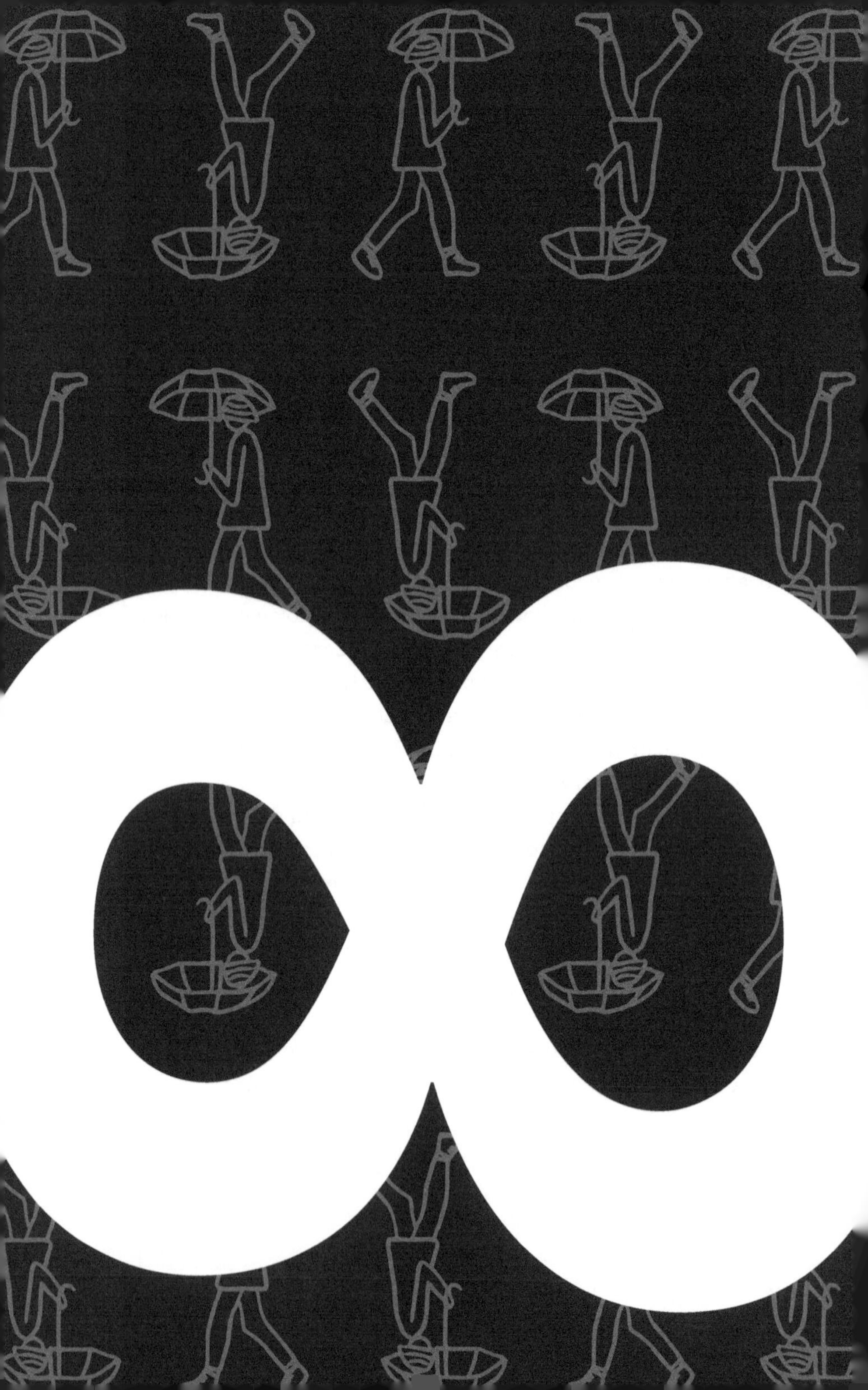

Tempo para o jogo na educação escolar, seus limites e possibilidades

Elaine Prodócimo
Roselene Crepaldi

Vivemos em uma sociedade que tem prezado pela ocupação do tempo com atividades consideradas úteis e produtivas, ou seja, na qual não é permitido "desperdiçar" o tempo com afazeres sem rendimentos. Essa lógica vem sendo implementada também às crianças e adolescentes, que passam a ter suas rotinas repletas de atividades que contribuirão para sua formação "futura": aulas de temas e habilidades diversas, *ballet*, judô, natação, inglês, francês, espanhol, informática, entre outras, além da escola e sua obrigatoriedade.

Detendo em vista essa ampla ocupação do tempo, questionamo-nos sobre quando e como se dão as atividades lúdicas e de lazer na rotina das crianças e dos adolescentes no contexto escolar, ainda mais levando-se em conta a ampliação da jornada escolar de muitas escolas para o cumprimento do Plano Nacional de Educação (PNE), referente aos anos 2014-2024 (Brasil, 2014b), que prevê que pelo menos 50% das escolas devem converter-se em escolas de tempo integral (ETI).

Será que as escolas têm propiciado aos estudantes momentos de brincar, jogar e divertir-se? E como o brincar e os jogos têm sido proporcionados aos estudantes nas escolas?

Neste capítulo, dentre as possibilidades do lúdico no contexto escolar, interessa-nos refletir sobre o jogo e a brincadeira como manifestação e como direito (ONU, 1989). Abordaremos o jogo como um elemento lúdico no contexto escolar, analisando o jogo propriamente dito como um elemento do universo lúdico; o jogo e seu potencial no aprendizado e desenvolvimento; e o jogo na educação escolar, seus limites e possibilidades.

8.1 O jogo como um elemento do universo lúdico

Ludicidade é um termo que faz referência ao lúdico, à diversão, a algo que proporciona prazer. Pode também ser um termo entendido por meio de perspectivas objetivas ou subjetivas, tanto que Massa (2015, p. 126), em um esforço de síntese sobre esses diferentes olhares afirma:

> no enfoque objetivo, percebemos a ludicidade como um fenômeno externo ao sujeito, construção social, cultural e histórica. É a análise do conjunto das experiências lúdicas dentro de um contexto social. Portanto, depende do tempo, do espaço geográfico e do grupo social. No enfoque subjetivo, a ludicidade é "sentida" e não "vista". É ação, emoção e pensamento integrados. É um estado interno do sujeito, não perceptível externamente, que é único. É através da vivência da ludicidade, da experiência do lúdico, que o indivíduo se constitui.

Na perspectiva da subjetividade, Luckesi (2014, p. 19) acrescenta que ludicidade é "um estado interno de bem-estar, de alegria, de plenitude ao investir energia e tempo em alguma atividade, que pode e deve dar-se em qualquer momento ou estágio da vida de cada ser humano".

Entre os diferentes elementos que compõe a ludicidade, ou que proporcionam esse estado de bem-estar referido, um se destaca pela própria etimologia da palavra, *ludus* no latim, que significa "jogo", "imitação" e "exercício" (Massa, 2015).

Por isso, neste capítulo, ao tratarmos da temática da ludicidade, do lazer e do contexto escolar, faremos referência principalmente ao jogo. Na perspectiva apontada anteriormente, a ludicidade pode ser sentida na realização de diversas atividades, até mesmo aquelas não consideradas lúdicas. Contudo, pela própria situação de entrega que o jogo propicia, ele é tido como atividade lúdica por excelência.

Vale mencionar, ainda, que, quando abordamos a temática jogo e educação, muitas facetas são apresentadas. Alguns teóricos do jogo o concebem como um termo polissêmico, cuja definição está ligada diretamente à criatividade e autonomia do sujeito que brinca ou joga, que utiliza materiais e objetos que dão suporte à sua imaginação.

Entre os estudiosos que buscaram descrever o jogo, uma referência importante é Huizinga (2004, p. 16) que, na busca de resumir as suas características, o descreve como:

> uma atividade livre, conscientemente tomada como 'não séria' e exterior à vida habitual, mas ao mesmo tempo capaz de absorver o jogador de maneira intensa e total. É uma atividade desligada de todo e qualquer interesse material, com a qual não se pode obter qualquer lucro, praticada dentro de limites espaciais e temporais próprios, segundo uma certa ordem e certas regras. Promove a formação de grupos sociais com tendência a rodearem-se de segredo e a sublinharem sua diferença em relação ao resto do mundo por meio de disfarces ou outros meios semelhantes.

Essa ideia do "não sério" atribuído ao jogo refere-se, preferencialmente, à sua oposição àquilo que é considerado como as coisas "sérias" da vida, ao trabalho, ao que tende ao objetivo, o que não significa, por outro lado, que o jogo não seja sério em si mesmo. Como afirma Gadamer (1997, p. 193) o jogo possui uma "seriedade própria, até mesmo sagrada".

Os jogos são nomeados de maneiras diferentes e praticados de modos diversos em todas as sociedades, no entanto, em todos esses casos, possuem algumas características comuns como as sensações de prazer, divertimento e humor relativos a algo "não sério", que não tem consequências imediatas para a realidade, ou seja, algo que possibilita uma breve pausa nas responsabilidades do cotidiano, como um intervalo, um espaço sagrado.

Diz-se *sagrado* por possuir rituais, mitos e linguagem própria que são diferentes daqueles realizados no dia a dia, por obrigação, como o trabalho.

> Regra geral, o elemento lúdico vai gradualmente passando para segundo plano, sendo sua maior parte absorvida pela esfera do sagrado. O restante cristaliza-se sob a forma de saber: folclore, poesia, filosofia, e as diversas formas da vida jurídica e política.
>
> Fica assim, completamente oculto por detrás dos fenômenos culturais o elemento lúdico original. (Huizinga, 2004, p. 54)

A absorção do jogador, proposta pelo autor, relaciona-se, em grande parte, pela incerteza, pela tensão que o jogo proporciona (Caillois, 1990). Ao jogar, não se sabe ao certo o que ocorrerá, e isso arrebata quem joga. Contudo, apesar do arrebatamento, o jogador sabe que joga, o jogar é um "ser-jogado" (Gadamer, 1997, p. 201). O jogo proporciona uma liberdade de decisão, liberdade que é controlada pelo próprio jogo, por suas regras, que são socialmente consentidas.

Durante o jogo vivencia-se fortemente a **imaginação**, como se estivesse vivendo em um mundo paralelo, durante um tempo determinado, em um espaço delimitado e pré-estabelecido, pequeno como um tabuleiro, grande como um

> campo de futebol, ou imaginário, como nos jogos de faz de
> conta, cujo resultado é incerto devido à atuação e iniciativa
> dos participantes.

A essência do jogo é o movimento de "vaivém" (Gadamer, 1997), entre a fantasia e a vida cotidiana, entre aparência e realidade (Buytendijk, 1974); a repetição, o fazer de novo, e isso demanda tempo (Benjamin, 2002) e entrega. No jogo o movimento flui, há esforço, mas que difere do esforço do trabalho, pois, no caso do jogo, há fluidez que leva, no término, à experiência do alívio (Gadamer, 1997).

Essa compreensão do jogo remete à ideia do *círculo mágico*, no qual existe um espaço em que se pode adentrar para vivenciar e experimentar atividades diversas da realidade, que são desafiadoras e excitantes, seja pela competição ou pelo risco a que se propõem. Tal vivência, pode resultar em prazer e divertimento, ou formas de resistência e resiliência, sendo assim considerada elemento propício à ludicidade, tanto na perspectiva objetiva quanto subjetiva.

8.2 Jogo e educação: potencial no aprendizado e desenvolvimento

Muitos autores têm tratado do aspecto pedagógico do jogo, e de suas contribuições para o aprendizado e desenvolvimento do jogador (Piaget, 1994; Vygotsky, 1988, 2007; Elkonin, 1998; Brougère, 1998). Outros ainda dissertam sobre o jogo no contexto escolar (Freinet, 1998; Maccdo, 2009). Interessa-nos compreender a forma com que o jogo vem sendo introduzido e tratado na escola.

O jogo, pelo seu caráter incerto, ajuda o jogador a buscar respostas, resolver problemas, a lidar com o imprevisível, então, muito mais do que conceitos fechados, o jogo propicia o espaço para o pensar e agir de maneira a mobilizar o repertório de conhecimentos e habilidades próprios e, assim, pode levar ao aprendizado e ao desenvolvimento. O jogo permite ao jogador ousar, tentar ou experimentar novas estratégias em situações que, exatamente por serem consideradas "não sérias", podem representar menores riscos.

Elkonin (1998), referindo-se ao jogo da criança pequena, afirma que este permite a descoberta do mundo dos adultos. A criança, ao jogar, imita as ações do adulto e satisfaz seu desejo de parecer-se com ele, de compreender e assimilar o mundo que a cerca. Insere-se no que o autor chama de *jogo protagonizado*, que se caracteriza por um jogo de papéis que, em geral, têm o adulto como modelo a ser seguido/imitado. Ao jogar, a criança ressignifica as situações vivenciadas, reconstruindo e se apropriando das experiências sociais.

Segundo o mesmo autor, ao assumir um papel, a criança realiza um processo de "descentramento", de saída de si, pois não apenas deve realizar as ações esperadas do seu próprio personagem, mas deve coordenar sua ação com a ação do companheiro de jogo, ou seja, deve assumir um ponto de vista diferente do seu próprio. Nas palavras do autor "O jogo apresenta-se como atividade cooperante das crianças" (Elkonin, 1998, p. 412).

Além desse ponto, o jogo proporciona o aprendizado de formas de lidar com regras, que não são impostas, mas sim espontaneamente aceitas (Caillois, 1990), tornando-se um desejo (Vygotsky, 2007) para que o jogo aconteça.

Segundo Mudado (2007, p. 21),

> O conteúdo dos jogos protagonizados evolui com o pensamento para a compreensão das regras de relação entre as pessoas e se convertem, pela brincadeira, em uma fonte do desenvolvimento moral da criança. É essa "tensão" entre a sujeição às regras e a renúncia à ação impulsiva que produz a satisfação da brincadeira.

Ao jogar, a criança aprende a conter seus impulsos imediatos para ação, e sujeita-se às regras para que a atividade continue. Para a autora, "Cumprir as regras é uma satisfação porque cria novas formas de desejo, relacionando-o a um "eu" fictício, ao seu papel no jogo e suas regras de autocontenção, autodeterminação e reflexão" (Mudado, 2007, p. 21).

É na brincadeira, segundo Vygotsky (2007), que a criança primeiramente age motivada pelo que tem em mente, pelas suas ideias, desligando-se dos impulsos que os objetos proporcionam, ou seja, se a criança quer brincar de carrinho, vai procurar algum objeto que possa substituí-lo quando este não está presente, não necessitando que haja um carrinho propriamente dito para brincar. Há a passagem da ação da esfera concreta para a esfera do pensamento.

Brincar também possibilita a formação da zona de desenvolvimento iminente* (Vygotsky, 2007), que é compreendida por aquilo que a pessoa é capaz de realizar com a ajuda de alguém mais experiente. O brincar permite a ousadia, pois, como já colocado, por ser considerado atividade "não séria", permite a experiência do novo sem que se coloque "em risco".

Freire e Scaglia (2003), contribuindo para a questão do jogo e sua influência para o aprendizado, afirmam que o caráter de repetição, que lhe é característico, permite que o que foi aprendido não seja esquecido e seja mesmo aperfeiçoado, pelos novos desafios que são constantemente postos, fator que estimula também a criatividade e a descoberta de si por parte do jogador.

---

* Zona de desenvolvimento iminente refere-se à zona de desenvolvimento proximal mais comumente conhecida. A tradução do conceito de *proximal* para *iminente* foi realizada por Zoia Prestes, e o artigo "A brincadeira e o seu papel no desenvolvimento psíquico da criança", de Vygotsky, traduzido por Zoia Prestes foi publicado pela *Revista Virtual de Gestão de Iniciativas Sociais*, de 2007. Disponível em: <https://isabeladominici.files.wordpress.com/2014/07/revista-educ-infant-indic-zoia.pdf>. Acesso em: 20 ago. 2020.

O jogo é subversivo, libertador. Como afirma Benjamin (2002, p. 85) "Não há dúvida que brincar significa sempre libertação. Rodeadas por um mundo de gigantes, as crianças criam para si, brincando, o pequeno mundo próprio." O brincar e o jogar permite que a criança lide com situação do dia a dia, resolva conflitos, compreenda, ou pelo menos tente compreender o mundo adulto.

8.2.1 Afinal, a criança aprende brincando?

Por tudo que constatamos até aqui fica evidente que sim, e muito. Por conta disso o jogo acaba sendo incluído no contexto escolar, talvez menos do que gostaríamos, mas é possível encontrá-lo nas escolas. Contudo, é necessário que analisemos como ele vem sendo desenvolvido. Temos que ter sempre em mente que o jogo e também outras atividades lúdicas tem um objetivo muito maior do que o de servir apenas como ferramenta de ensino e aprendizagem, o jogo, brinquedo e brincadeira fazem parte da cultura da infância.

Brougère (1998) apresenta profunda reflexão sobre o tema no livro *Jogo e Educação*, obra na qual faz um percurso histórico sobre o tema, buscando as origens da união entre jogo e educação, identificando que o jogo contribui de maneira indireta para a educação na medida em que permite ao aluno relaxar e divertir-se podendo assim ser mais eficiente e atencioso nos exercícios que lhe são determinados. Ou seja, o educador se utiliza do fato do jogo ser agradável à criança como artifício em doses limitadas, para chegar a um fim, que não é o jogo em si, o que, no nosso ponto de vista acaba por restringir o potencial do jogo.

O jogo vem sendo inserido no contexto pedagógico:
- com fins utilitaristas – joga-se bingo para ensinar letras, joga-se amarelinha para ensinar números;
- para controle – "seu mestre mandou" para que as crianças obedeçam, roda do silêncio para que fiquem quietas;

- para preenchimento de tempo – quando faltam poucos minutos para o sinal e não há tempo para iniciar outra tarefa;
- para relaxamento e dispêndio de energia – para que as crianças fiquem "mais calmas";
- como motivador – para despertar o interesse das crianças para determinado assunto ou tarefa, "dourando a pílula".

Poucas vezes presenciamos o jogo por si, com objetivo em si mesmo, o jogar para aprender a jogar, como forma de expressividade.

Brougère (1998) pesquisando os documentos, orientações e demais textos oficiais da Escola Maternal Francesa, procura analisar o pensamento e não a prática do jogo. Esse tipo de pesquisa mostra em que momentos e com quais características o jogo aparece dentro das escolas. Como resultado da pesquisa o autor encontrou "duplo papel do jogo: refazer as forças do aluno para que possa voltar ao trabalho, fazer passar sob a aparência de jogo, trabalhos áridos" (Brougère, p. 107).

Muitas vezes o jogo é encarado na escola como "bagunça", pois provoca barulho, movimentação, alegria, risos, o que leva a percepção de falta de controle. Diante disso é comum vermos adultos pedindo para as crianças e jovens pararem de jogar, pedindo silêncio e imobilização. Há uma tentativa constante de controle nas escolas e o jogo subverte essa lógica.

Segundo Brougère (1998, p. 58), a inserção do jogo no contexto pedagógico "deve ser relacionada à visão da criança e da educação dessa época. A função que se atribui ao jogo depende estritamente das representações que se tem da criança".

Essa afirmação nos leva a refletir sobre a nossa concepção de criança. Se for a de alguém que precisa ser conduzido, que é frágil e incapaz utilizaremos brinquedos e jogos de maneira controlada, com o poder de ditar regras, dividir e escolher, de acordo com nossa autoridade de adulto. Se, por outro lado, concebermos a criança como ser humano de direitos, inteligente, capaz, criativo e ativo, ofereceremos e criaremos, em conjunto com as crianças, ambientes, materiais e diferentes possibilidades para brincar e jogar.

Essa segunda concepção foi exatamente a que aproximou a educação do jogo nos estudos de Froebel (1782-1852), Piaget (1896-1980), Vygotsky (1896-1934), Wallon (1879-1962), Bruner (1915-2016) e outros. Quanto à educação, seu conceito perpassa desde ao simples acompanhamento e cuidado das crianças, o tratamento de informações, aperfeiçoamento de habilidades até a construção do conhecimento.

8.2.2 Em que momento jogo e educação se aproximam e por quê?

As respostas a essa questão não são diretas. Percebendo a presença do jogo com maior frequência a partir de Froebel, Kishimoto (2005, p. 28) relata que: "O jogo visto como recreação, desde a antiguidade greco-romana, aparece como relaxamento necessário a atividades que exigem esforço físico, intelectual e escolar (Aristóteles, Tomaz de Aquino, Sêneca, Sócrates). Por longo tempo o jogo infantil fica limitado à recreação".

Porém, não é apenas como relaxamento que o jogo aparece no percurso da história. Kishimoto (1998, p. 61) também relata que:

> O interesse pelo jogo aparece nos escritos de Horácio e Quintiliano que se referem à presença de pequenas guloseimas em forma de letras produzidas pelas doceiras de Roma, destinadas ao aprendizado das letras. A prática de aliar o jogo aos primeiros estudos parece justificar o nome ludus atribuído às escolas responsáveis pela instrução elementar, semelhante aos locais destinados aos espetáculos e à prática de exercícios de fortalecimento do corpo e do espírito.

Nesse momento histórico, segundo Kohan (2003, p. 19), Platão considera as crianças como "seres impetuosos, incapazes de ficarem quietos com o corpo e com a voz, sempre pulando e gritando na desordem, sem o ritmo e a harmonia próprios do homem adulto (II 664e-665a)".

Para superar esse estado é necessário que haja acompanhamento próximo por pessoas que as dominem e controlem, ou seja, que as eduquem: "A educação é entendida como tarefa moral, normativa, como o ajustar o que é a um dever ser" (Kohan, 2003, p. 25).

As crianças eram entendidas como alguém que virá a ser um adulto, que terá responsabilidades políticas, essa ideia também está imortalizada nas palavras de Pitágoras de que se as crianças forem bem educadas, os adultos não precisarão ser punidos (Spinelli, 2003).

A História nos mostra que a Igreja Católica condenou o uso de jogos em seus mosteiros e seminários por vinculá-lo a ideia da futilidade, do jogo de azar, como algo não sério e, portanto, em oposição aos preceitos de concentração, e disciplina.

Para Kishimoto (1994, p. 16) é a partir do período histórico conhecido como Renascimento, e com grande contribuição de Ignácio de Loyola (1451-1556) e da Companhia de Jesus que os jogos são incorporados nos processos educativos; "O Renascimento reabilita exercícios físicos banidos pela Idade Média. Exercícios de barra, corridas, jogos de bola semelhantes ao futebol e o golfe são práticas que se generalizam. Aos jogos do corpo são acrescidos os do espírito".

Os jogos ganham todos os extratos sociais, e são utilizados para divulgar eventos históricos e até as trajetórias dos reis. Com o término da Revolução Francesa a educação passa por inovações propostas por pensadores como Rousseau (1712-1778), Pestalozzi (1746-1827) e Froebel (1782-1852) que foram grandes influenciadores do jogo na educação.

Nesse período histórico, há uma sensível mudança na maneira de conceber a infância, passa-se a considerar a criança como um ser que brinca de maneira espontânea e livre.

Ao tomarmos as características comuns do jogo, utilizadas como referência no processo de aprendizagem e construção do conhecimento, temos em Froebel, criador dos Kindergarten (Jardim de Infância) uma grande referência. Podemos afirmar que a sua contribuição é uma das mais importantes para o uso de jogos na educação. Sua influencia é sentida até os dias atuais.

Para esse estudioso, brincar ou jogar são ações importantes para o desenvolvimento infantil caracterizadas pela liberdade e espontaneidade das crianças. Brincando livre e espontaneamente, em contato com a natureza, utilizando materiais como bolas, cilindros e cubos denominados como *dons,* além de realizar atividades de manipulação, percepção sensorial e linguagem, as crianças relacionavam-se com seus pares e demais adultos, adquirindo conhecimentos sobre a vida e o mundo.

> "Dentro da unidade ou relação mútua, Froebel aspira desenvolver todo o ser da criança mediante processos escolares e o auxílio da família" (Kishimoto, 1998, p. 68)

Utilizando-se de histórias, mitos, lendas, contos de fadas e fábulas, como parte de cultura da infância, mães e/ou cuidadoras e crianças deveriam brincar juntas para que a criança ao aprender as brincadeiras comuns pudesse compartilhar com outras crianças e usar os materiais de construção (brinquedos de construção) em atividades dirigidas pelos adultos.

> Muitas das técnicas utilizadas até hoje em Educação Infantil são baseadas nas criações de Froebel. Para ele, por meio das brincadeiras as crianças representam o mundo com a finalidade de entendê-lo e não só por diversão. Froebel também deixa como legado aos educadores, a importância da observação das crianças enquanto estão em atividades com jogos e brinquedos. (Crepaldi, 2010, p. 63)

Contudo, como já mencionado anteriormente, o jogo, pelo seu caráter livre, tomado como frívolo e "não sério" é muitas vezes repudiado do contexto escolar, pois opõe-se ao caráter sério da vida. Uma forma de aceitação de sua introdução na escola é, então, por meio de sua utilização como ferramenta ou instrumento de aprendizagem, como já apontado, na medida em que facilita ou contribui para desenvolvimento físico e motor de quem brinca e ainda como elemento auxiliar na transmissão de conceitos morais e éticos. Também é útil para facilitar a aquisição dos conhecimentos que os adultos julgam necessários para que a criança se desenvolva como indivíduo e como membro de uma sociedade.

João Freire (2002) ao distinguir o jogo do trabalho, propõe que o ambiente do jogo tende mais ao subjetivo, enquanto que o trabalho mais ao objetivo, segundo o autor, pautado em Sartre, "O jogo localiza-se, portanto, no território do ser" (p. 63). A questão colocada acima, da utilização do jogo como ferramenta, acaba por desvirtuar o jogo, ao transformá-lo em trabalho.

Essa constatação nos faz refletir se esse tipo de situação também acontece em nosso cotidiano e o seu benefício para a educação das crianças.

É evidente que não se trata de eliminar o jogo do cotidiano escolar, porém de ter a consciência que o conceito de jogo para os adultos é bem diferente do conceito para a criança. Se retomarmos o que caracteriza uma atividade como jogo, teremos a espontaneidade, a adesão voluntária, a futilidade e, se compararmos com algumas "atividades" existentes no cotidiano das instituições escolares, constataremos que, em grande parte delas, existe certa exigência na participação, inclusive com uma avaliação em que se pode ganhar ou perder pontos se os comportamentos forem, ou não, os esperados pelo adulto que escolhe a atividade, divide os grupos, os espaços e tempos.

8.3 Limites e possibilidades

Pensar no jogo no contexto escolar também é pensar nos tempos e espaços em que ele acontece, e para isso é preciso estudar um cenário mais amplo.

A educação brasileira possui vasta legislação que a normatiza. A principal delas é a Lei n. 9.394, de 20 de dezembro de 1996 (Brasil, 1996) – a Lei de Diretrizes e Bases da Educação Nacional (LDBEN) –, que, como o próprio nome já diz, fundamenta e regula toda a estrutura e o funcionamento da educação no país.

No art. 24 da LDBEN, temos que as escolas devem cumprir pelo menos 200 dias letivos anuais, distribuídos em dois semestres num total de, no mínimo, 800 horas. A organização desse tempo é, normalmente, feita no momento da elaboração do projeto-político-pedagógico (PPP) quando o calendário escolar toma vida.

O tempo é uma das variáveis mais importantes dentro de uma unidade escolar, e por isso é constituído um calendário escolar, em que estão estabelecidos início e término do ano letivo, duração das aulas, das férias, das avaliações, da rotina como um todo.

Cada escola estabelece em sua rotina, a grade curricular contendo as disciplinas a serem ministradas e o tempo de cada uma em cada ano, com uma série de outros documentos legais que detalham toda a normatização da organização dos tempos e lugares.

Das normas, tomaremos apenas duas: o Plano Nacional de Educação (PNE) (Brasil, 2014b), que estabelece as metas para a educação nacional, detalhadas no *Caderno Conhecendo as 20 Metas do Plano Nacional de Educação*, e a Base Nacional Comum Curricular (BNCC) para a educação básica, que é

> um documento de caráter normativo e referência nacional obrigatória para a elaboração ou adequação dos currículos e propostas pedagógicas, porque estabelece o conjunto de aprendizagens essenciais e indispensáveis a que todos os estudantes, crianças,

jovens e adultos, têm direito, ao longo das etapas e modalidades da Educação Básica. (Brasil, 2020, p. 9)

Retomando nossa reflexão sobre o jogo no contexto escolar e o cenário da legislação em vigor, procuraremos responder a duas questões iniciais: será que a escola tem propiciado aos estudantes momentos de brincar, jogar, divertir-se? Como o brincar e os jogos têm sido proporcionados aos estudantes nas escolas?

Sobre a questão do tempo, temos no PNE a meta 6: "oferecer educação em tempo integral em, no mínimo, 50% (cinquenta por cento) das escolas públicas, de forma a atender, pelo menos, 25% (vinte e cinco por cento) dos(as) alunos(as) da educação básica." (Brasil, 2014b, p. 10).

O plano estabelece com base no Decreto n. 7.083, de 27 de janeiro de 2010, em seu art. 1º, parágrafo 1º, que o tempo integral é compreendido como: "a jornada escolar com duração igual ou superior a sete horas diárias, durante todo o período letivo, que pode acontecer durante o período que o aluno permanece na escola ou em atividades escolares em outros espaços educacionais" (Brasil, 2010).

Assim, verificamos que existe dispositivo legal que determina o tempo ampliado de permanência dos alunos nas escolas ou fora delas, e também determina as diretrizes para a construção do projeto político pedagógico que contemple ampliar os tempos, as oportunidades e os espaços de formação, conforme o parágrafo 2º do mesmo artigo:

> § 2º A jornada escolar diária será ampliada com o desenvolvimento das atividades de acompanhamento pedagógico, experimentação e investigação científica, cultura e artes, esporte e lazer, cultura digital, educação econômica, comunicação e uso de mídias, meio ambiente, direitos humanos, práticas de prevenção aos agravos à saúde, promoção da saúde e da alimentação saudável, entre outras atividades.

Portanto, de acordo com a legislação vigente, está garantido o tempo para o lazer, cultura e arte, áreas em que, tradicionalmente, o jogo se faz presente, porém a pergunta persiste: como as brincadeiras e os jogos têm sido proporcionados aos estudantes nas escolas? Seriam eles considerados como aprendizagens essenciais e indispensáveis?

Ao verificarmos a BNCC, encontramos as brincadeiras e os jogos como eixo estruturante das práticas pedagógicas na educação infantil, porque as crianças constroem e se apropriam dos conhecimentos por meio de interações e brincadeiras.

> A interação durante o brincar caracteriza o cotidiano da infância, trazendo consigo muitas aprendizagens e potenciais para o desenvolvimento integral das crianças. Ao observar as interações e brincadeiras entre as crianças e delas com os adultos, é possível identificar, por exemplo, a expressão dos afetos, a mediação das frustrações, a resolução de conflitos e a regulação das emoções.
>
> (Brasil, 2020, p. 37)

Deduzimos então, que o tempo de brincar deve ser garantido às crianças da educação infantil, porque dessa fruição decorrem situações de interação que resultam em desenvolvimento para as crianças, como podemos constatar na afirmação:

> Portanto, a Educação Infantil precisa promover experiências nas quais as crianças possam fazer observações, manipular objetos, investigar e explorar seu entorno, levantar hipóteses e consultar fontes de informação para buscar respostas às suas curiosidades e indagações. Assim, a instituição escolar está criando oportunidades para que as crianças ampliem seus conhecimentos do mundo físico e sociocultural e possam utilizá-los em seu cotidiano.
>
> (Brasil, 2020, p. 43)

No campo das experiências propostas na BNCC, o brincar e o jogo, aparecem em um dos objetivos de aprendizagem e desenvolvimento na área "o eu, o outro e o nós", sobre o desenvolvimento da habilidade das crianças de reconhecerem as sensações de seu corpo em diferentes momentos da rotina, dentre as quais está listada a brincadeira (Brasil, 2020, p. 45-46). O mesmo ocorre no campo de experiências "corpo, gestos e movimentos" que tem como meta o conhecimento de si e do mundo, e que propõe diferentes possibilidades, entre ela as brincadeiras de faz de conta como forma de relação entre corpo, emoção e linguagens. (Brasil, 2020, p. 47).

E assim segue a descrição de habilidades que devem ser desenvolvidas em outros campos de experiências, sobre "traços, sons, cores e formas" em que as habilidades esperadas se referem a participar de brincadeiras de faz de conta, encenações, criações musicais, festas (Brasil, 2020, p. 48). E no campo de experiência "Escuta, fala, pensamento e imaginação" quando se propõe a invenção de brincadeiras cantadas (Brasil, 2020, p. 50)

E no que se refere especificamente ao ensino fundamental?

Verificamos que no ensino fundamental, as brincadeiras e jogos aparecem com pouca ênfase em algumas disciplinas, como na Língua Portuguesa, no campo da vida cotidiana; na Arte, no trabalho de música (p. 203) e dança (p. 207) por meio de jogos e brincadeiras ou de experimentação de possibilidades de diferentes matrizes estéticas e culturais (p. 203); e na Educação Física, em que aparece como unidade temática (p. 213). Cabe destacar aqui que no documento é mencionada a diferença entre os jogos e brincadeiras como ferramenta para o ensino de determinadas habilidades e como "um valor em si" (p. 215).

É no componente curricular de Educação Física que encontramos um número maior de referências sobre brincadeiras e jogos, resultando na maior quantidade de referências sobre as:

> possibilidades para enriquecer a experiência das crianças, jovens e adultos na Educação Básica, permitindo o acesso a um vasto universo cultural. Esse universo compreende saberes corporais, experiências estéticas, emotivas, lúdicas e agonistas, que se inscrevem, mas não se restringem, à racionalidade típica dos saberes

científicos que, comumente, orienta as práticas pedagógicas na escola. (Brasil, 2020 p. 213)

Nesse componente curricular, as práticas corporais são desenvolvidas de diversas formas e significados sociais, entendidas como manifestações das possibilidades expressivas dos sujeitos e patrimônio cultural da humanidade.

A unidade temática das brincadeiras e jogos

> explora aquelas atividades voluntárias exercidas dentro de determinados limites de tempo e espaço, caracterizadas pela criação e alteração de regras, pela obediência de cada participante ao que foi combinado coletivamente, bem como pela apreciação do ato de brincar em si. Essas práticas não possuem um conjunto estável de regras e, portanto, ainda que possam ser reconhecidos jogos similares em diferentes épocas e partes do mundo, esses são recriados, constantemente, pelos diversos grupos culturais. (Brasil, 2020, p. 214)

Na BNCC, as brincadeiras e os jogos têm valor em si e precisam ser estudados para ter seu valor reconhecido como relevantes porque representam formas de costumes e de convivência de diferentes contextos ambientais e socioculturais brasileiros.

Com essas constatações acreditamos ter elementos para responder às nossas questões iniciais sob o ponto de vista do tempo: a escola pode até propiciar momentos de brincar, jogar, divertir-se, porém, as oportunidades de jogo continuam circunscritas à Educação Física, com pouca abertura para a interdisciplinaridade, mesmo com a área da arte e cultura. Como podemos verificar nos estudos de Soares (1994), nos quais os jogos e as brincadeiras historicamente eram adotados com o propósito de ocupar o tempo livre das crianças e disciplinar seus corpos.

Em uma sociedade em que as crianças são preparadas para serem consumidoras, em que, como alerta Meira (2003, p. 77) "encontram-se submetidas à vigência hegemônica de uma formação social que anestesia na raiz a possibilidade de diferenciação e distanciamento crítico [...]. Suspender o tempo e brincar é hoje um ato de extremo desafio."

Considerações finais

Neste capítulo, abordamos o jogo propriamente dito como um elemento do lúdico. Vale, antes, mencionar que compreendemos o lúdico como diversão, alegria, bem-estar, ou seja, algo que, em essência, é maior que o jogo, já que pode manifestar-se também por outras experiências, mas que o engloba, uma vez que o jogo é considerado como lúdico por si só.

Ao analisarmos a relevância do lúdico de maneira geral e do jogo de maneira mais específica na constituição do ser humano, defendemos que estes sejam inseridos, nos diferentes contextos de formação e educação (entre eles o contexto escolar), já que grande parte do tempo das crianças e jovens é passada na escola, e esta tem grande influência no seu desenvolvimento.

Acreditamos que algumas práticas que deveriam constituir-se como experiências lúdicas, e não apenas como habilidade corporal, como propaladas na legislação, desde a primeira infância, já ocorrem dentro da escola. Contudo, ao investigarmos como isso vem acontecendo, nos deparamos com uma inserção feita de forma utilitária, como ferramenta para atingir objetivos outros, como ação motivadora para outros aprendizados, como ocupação de tempo sem intenção pedagógica, como gasto de energia, como controle e, poucas vezes, com um fim em si mesmo, como oportunidade de livre expressão. Isso, obviamente, restringe o potencial lúdico dos jogos.

Como vimos, os motivos que levam à apropriação equivocada do lúdico e do jogo na escola são variados: vão desde a falta de conhecimento sobre o potencial desses elementos até o próprio preconceito, construído e mantido historicamente sobre o papel social do jogo, aliado, como apontamos no capítulo, a coisas "não sérias". Tomado dessa maneira equívoca, o jogo é considerado inadequado para a escola, que encontra-se entre as "atividades sérias" das crianças e jovens, haja visto o uso do termo *estudante* aplicado como profissão.

Destacamos o lúdico e o jogo como experiências relevantes e subversivas, que permitem a quem joga romper com as amarras do cotidiano ao possibilitar o mergulho em si, a entrega, o arrebatamento. O jogo instiga ao sonho, à expectativa, à esperança.

Neste capítulo, enfatizamos que o jogo deva estar presente no contexto educativo e temos como proposição que o tema seja tratado na formação inicial e continuada dos profissionais da educação. Contudo, alertamos para o estudo do tema em seu aspecto amplo, destoando da visão restrita com que vem sendo revelada no cotidiano escolar.

Finalizamos reforçando que o jogar é um direito e, como tal, deve ser garantido às nossas crianças e jovens, inclusive no contexto escolar.

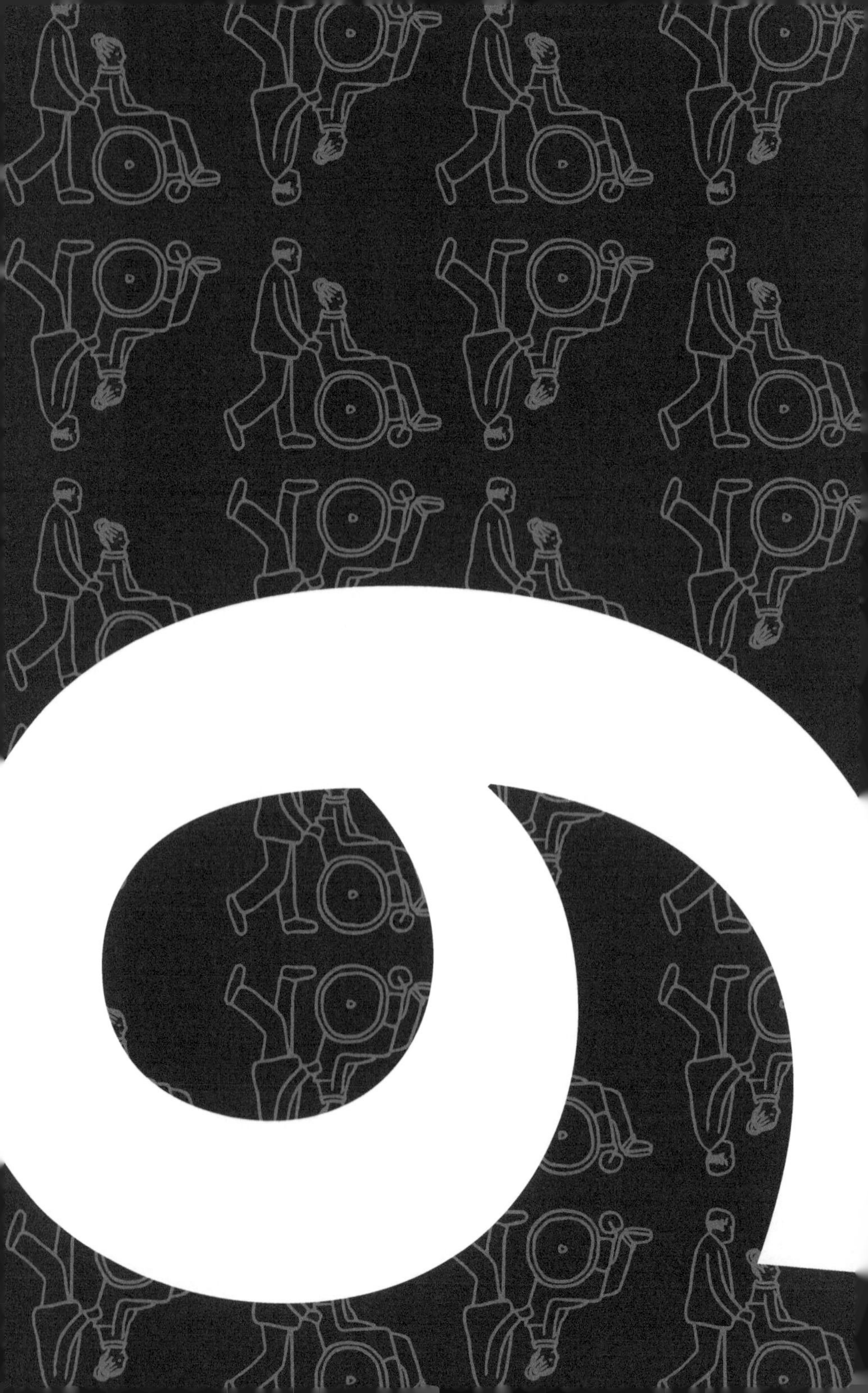

Lazer, inclusão e diversidade

Tânia Mara Vieira Sampaio

Neste capítulo, abordaremos o lazer a partir de uma perspectiva antropológica, como tempo e espaço de afirmação de nossa existência no mundo e movimento de resistência à lógica econômica capitalista. Principalmente, porque essa lógica exige das pessoas um constante direcionamento para o trabalho ou para buscar uma formação nessa direção, não abrindo muitos espaços de liberdade para que outra perspectiva se instale no cotidiano.

Vamos, ainda, discorrer sobre a inclusão e a diversidade na experiência de lazer, a fim de ampliar a reflexão sobre o lazer em sua relação ou não ao trabalho, mas também de considerar que precisamos perguntar pelos diferentes sujeitos do lazer ao qual nos referirmos. Isso porque, na sociedade em que vivemos, a diferença que marca nossa corporeidade reflete diretamente no tempo e no espaço que ocupamos ou que lutamos por ocupar ou que resistimos para ocupar. Desse modo, o lazer, como tempo e espaço fundamentais à construção da experiência humana de ser e de estar no mundo, precisa ser identificado nas corporcidades concretas marcadas, minimamente, por sua condição de gênero, classe e etnia.

O lazer como um dos direitos sociais é conhecido na letra da Constituição Federal de 1988 (Brasil, 1988), no âmbito dos estudos do campo e em alguns grupos que tem buscado organizar processos de políticas públicas abrangentes que atinjam a maior parte da população que pouco sabe, ou pouco acesso tem à consciência de seus direitos cidadãos.

Na sociedade, de modo geral, é comum que a experiência vivida nas brechas e folgas do dia a dia não seja nomeada como *lazer*. Ora por parecer que este estado de vida é possibilidade para poucos, para quem já ultrapassou os limites da necessidade e tem poder aquisitivo para desfrutá-lo, ora porque as pessoas não se sentem autorizadas a experimentar esses momentos em vista da cobrança por produtividade ou do aparente *status* que "estar sempre muito ocupado" parece conferir aqueles que o têm.

O lazer, sem dúvidas, está articulado à compreensão de que os bens culturais, as artes, os espaços públicos, os parques, as praças, os lugares de encontros, as rodas de conversa, as festas, as reuniões dançantes e outros são construções humanas fundamentais para a expressão de nossa natureza lúdica, de nossa experiência de gratuidade vivida em momentos e movimentos que não pagam nossas contas, nem resolvem nossos problemas, mas nos refazem como pessoas.

O ser humano precisa de tempos e espaços em que a descontração se manifeste. Em que o jogo seja possível como expressão de um parêntese que se faz no real marcado por suas dificuldades e contradições (Huizinga, 2000). Seguem algumas definições para o lazer:

- O tempo em que se pode rir ou chorar sem ter que se explicar ou ter de ter hora certa para acontecer.
- Uma expressão de liberdade, de escolha, de busca de interesses próprios isoladamente ou em grupos que se formam a priori ou acontecem no caminho da experiência.
- Segundo Magnani (1988, p. 39), "o momento do lazer – instante de esquecimento das dificuldades do dia a dia – é também aquele momento e oportunidade do encontro, do estabelecimento de laços, do reforço dos vínculos de lealdade e reciprocidade, da construção das diferenciações".

Devemos pensar o lazer como momento e movimento da corporeidade em busca de sentido, que deseja reinventar o cotidiano sem as amarras do trabalho ou das obrigações de quaisquer ordens, seja para vivê-lo após, durante, em intervalos, sem prescrições que o limitem. Como se fosse possível fugir do ordenamento da vida para reencontrá-la por inteira e desafiadora.

Considerando que nossos saberes são criações humanas, parece fundamental vislumbrar algumas revisões antropológicas necessárias para depois seguir as reflexões sobre o lazer.

9.1 Perspectivas antropológicas para pensar o lazer, a inclusão e a diversidade

De nossa revisão antropológica deve fazer parte a compreensão de que seres humanos são seres de necessidades e desejos, e não apenas de necessidades. Assmann (1994, p. 56) insiste que "somos, ao mesmo tempo, seres com necessidades e seres desejantes", não sendo possível desconsiderar que o que move os seres humanos não são apenas suas necessidades básicas, mas também suas inevitáveis vontades, paixões e desejos. Disso deriva a compreensão de que não somos seres bons ou maus por natureza, mas sim seres voltados para nós mesmos com potencialidade de abertura para o outro. Nossos desejos e necessidades estão voltados para nossa afirmação de vida, mas podem ser educados a perceber o Outro. A corporeidade humana,

> está toda impregnada do Outro. Desde a organização da circulação pulsional pela linguagem, que barra o gozo absoluto da pulsão de morte, passando pelo olhar do Outro, que faz função de espelho e permite a unificação da imagem de si necessária para a constituição do narcisismo que sustenta o Eu. O processo de constituição de um corpo próprio capaz de desenvolver habilidades e talentos prossegue então com as identificações com

os corpos imperfeitos dos outros, os 'semelhantes na diferença', mediante os quais o sujeito se liberta do espelho e inaugura a série de empreendimentos pelos quais tentará corresponder aos ideais do eu. (Kehl, 2003, p. 251-252)

Esse complicado processo de constituição do ser humano depara-se com a diversidade de classe, de raça, de gênero, entre outras como exigências constantes de vir a ser na diferença, o que esbarra muitas vezes nas tentativas de controle social. Controle este que busca uma "normalização" que nos enquadre em um modelo único de humanidade marcadamente branca, masculina, classe média alta, cristã e heterossexual.

Nesse sentido, é a relação expressa no movimento das corporeidades que permite que as pessoas em suas diversidades se construam em sua plena humanidade com respeito e espaço à inclusão. E a autora ainda acrescenta: "sem a entrada do Outro, o corpo biológico pode sobreviver, mas não se constitui como o corpo de um sujeito que se reconhece como tal entre seus semelhantes" (Kehl, 2003, p. 252).

É preciso um efetivo movimento educativo para que possamos reconhecer a existência do Outro como importante na construção de nossa identidade, e isso não acontece por obra do acaso, somos responsabilizados, instados a fazer um movimento assertivo em uma direção aprendente, a fim de construir processos educativos constantes para uma ética solidária e de abertura à alteridade. Nesse sentido, momentos de lazer apresentam-se como espaços por excelência para experimentar a alteridade e nos permitir redimensionar nossos desejos.

O ser humano, este estranho incompleto, inconcluso, conforme afirmava Paulo Freire (2005), este ser sempre em construção, em devir constante, para construir sua identidade e ser-no-mundo, precisa de incontáveis outros em relação consigo, bem como de momentos em que a gratuidade supere as obrigações.

Desde seus primeiros dias de vida, o ser humano precisa ser aconchegado no colo de um adulto cuidador ou cuidadora, ser alimentado, protegido e ensinado a ver-ouvir-degustar-cheirar-tatear-sentir-perceber-objetivar-subjetivar o mundo. E no decorrer de todos os demais dias de sua vida irá se constituindo a partir da relação com o Outro diferente, podendo ser o tempo e espaço de lazer um recorte significativo para esta construção identitária.

A possibilidade de existir na condição humana está intrinsecamente ligada à possibilidade de relação "Eu-Outro". "Não somos produtos de nós mesmos, mas de um contexto que nos inclui. E nesse contexto o Outro está irremediavelmente presente. Para ter existência própria e autônoma, o eu individual não pode prescindir da participação de outros 'eus' individuais" (Nunes Filho, 1997, p. 84). Contudo, esse processo relacional não é simples e tranquilo uma vez que esta abertura ao Outro não é algo natural, mas um processo em construção, passível de ser educado e se tomarmos o lazer como espaço educativo isto se consolida de maneira efetiva.

A relação Eu-Outro pode ser entendida dentro de nossa perspectiva ocidental, mas pode também ser repensada partindo do pressuposto de que o ser humano, este produtor de linguagens e símbolos, é capaz de apresentar cosmovisões tão distintas.

Vamos usar como exemplo a conjectura de que nossa cosmovisão pudesse se organizar de modo que a primeira pessoa não fosse EU, mas o TU, a segunda pessoa o ELE e a terceira o EU. Nesse caso, esta outra lógica de organizar o mundo e as relações de poder traria consequências sociais contundentes. Na conjugação das ações verbais, a primeira pessoa seria o Outro (o inverso de nossa lógica ocidental). Desse modo, a pessoa discriminada, enquanto tal, em si mesma, não existiria! Se alguém está discriminado na sociedade, Eu sou responsável por ter criado esta situação e concomitantemente responsável por fazer algo que mude tal realidade. A partir desta distinta visão de mundo outras ilações podem ser feitas no tocante à exclusão de gênero, de raça, de etnia, de deficiência, de orientação sexual, ajudando-nos a pensar o lazer como tempo e espaço de reinventar nossas relações e cosmovisões.

Desse olhar para as relações sociais de poder é fundamental que o Outro viva com dignidade, para que eu possa viver com dignidade. O Eu diante do Outro é infinitamente responsável, e isso nos remete, novamente, a rever quais possibilidades reais temos de construir relações sociais em que a inclusão e a diversidade estejam presentes em diversas esferas da vida, entre elas a do lazer.

Assumir que somos seres históricos, incompletos, inconclusos, desejantes, em construção constante manifesta nosso potencial de mudança, de transitoriedade e provisoriedade de nossas certezas em matéria de saberes. Os físicos e químicos, a exemplo de Prigogine (1996), têm afirmado que até mesmo as rochas e superfícies aparentemente sólidas e estáticas estão em constante movimento, o que nos instiga a questionar como nós, seres criadores de culturas diversas poderíamos criar verdades imutáveis? Isto nos ajuda a pensar a possibilidade de mudanças nas tradições, nas instituições, nos campos de estudos às vezes impenetráveis. Talvez devêssemos confiar em verdades provisórias, assim como nós o somos: provisórios, marcados por incertas certezas. Um desafio importante seria trazer do âmbito da física quântica o *princípio da Incerteza* de Werner Heisenberg (1999), para quem o constante deslocamento nos impede de descrever a trajetória exata das partículas, um movimento presente no cosmo que certamente afetará nossa percepção da realidade e a construção de saberes que façam sentido diante das demandas de nossa existência. E que fantástico seria propor ao estudos do lazer uma interpelação por este princípio da incerteza e da transitoriedade de verdades.

Em uma busca de revisão antropológica que nos ajude a rediscutir o lazer, acrescentaria que somos seres de linguagens diversas e criadores de símbolos. Para Ernest Cassirer (2001), o ser humano ao criar seu universo simbólico se responsabiliza por mapear sua percepção de realidade expressa por meio de linguagens, mitos, ciência... projetando significados que organizam seu jeito de olhar a vida e a relação com o Outro. Muito desse universo simbólico é construído para demarcar espaços privados, barreiras para assegurar a distância do diferente, para alimentar o discurso e imaginário social uníssono, afinal ele é mais fácil e passível de controle.

A abertura ao Outro é um aprendizado que precisa ser encarado como tarefa educativa urgente. Pois estamos diante de relações sociais de saber e poder que atravessam a nossa corporeidade (aqui entendida como a integralidade humana, manifesta na materialidade de nossos corpos brancos, negros, indígenas, com deficiências ou não, empobrecidos ou não, heterossexuais ou homossexuais). O que experimentamos como seres humanos, fazemos pela reverberação em nossa corporeidade. Somos seres indivisíveis, somos uma integralidade. As dicotomias não servem para descrever nossa humanidade. Nossa complexidade transcende os dualismos de corpo e espírito, corpo e mente, emoção e razão, subjetividade e objetividade, superior e inferior, homem e mulher, branco e negro, heterossexual e homossexual. Somos corporeidade em relação, e relações sociais de saber, poder e subjetividade e, tudo isso, num cotidiano micro e macro estrutural (Foucault, 1979). O "poder" e o "não poder" é ensinado aos nossos corpos desde muito cedo. Há saberes a "desaprender" e outros a aprender a fim de inaugurarmos novos tempos, inclusive nos estudos do lazer.

As revisões antropológicas exigem reconhecermo-nos como organismos vivos, marcados pela dinâmica da auto-organização, por isso, não somos vítimas absolutas ou opressores absolutos. Experimentamos cotidianamente jogos de poder, jogo de forças, dispersas constelações de poder que nos fazem lutar pelo estabelecimento de relações que nos permitam viver. A fim de constituirmo-nos na diversidade e inclusão, não pode ficar de fora a percepção de que somos seres em interdependência e intercomunicações com o ecossistema, os demais organismos e energias vivas. Somos seres diferentes. Nem maiores, nem menores, nem melhores, nem piores. Somos diversos fios de uma grande teia da vida, se rompemos fios, partimos a rede e ninguém nela poderá deitar-se/ou existir plenamente.

O processo de autopoiética, de auto-organização (Maturana; Varela, 1995), é um anuncio de que o caos pode ser o princípio de uma nova gestação da vida. A despeito de nós. Conosco ou sem a nossa participação o ecossistema gera processos de auto-organização para encarar o caos que criamos. Aos nossos olhos podem parecer catástrofes, e de fato o são tendo em vista a destruição de tantas vidas. Contudo, embora a natureza seja indiferente às confusões promovidas pelos seres humanos, ela nos fornece um alerta de que não estamos sozinhos na tentativa de reconstruir o mundo que destruímos. Nossa racionalidade não é capaz de apreender todo o movimento de reordenação da vida que está se processando, pois não somos (os seres humanos) os únicos sistemas vivos auto-organizativos e criadores.

No rumo dessa revisão antropológica proponho experimentar uma ética instigada pelo desejo capaz de encontrar no Outro sua referência fundamental de auto-organização demarcando um princípio de justiça, no qual a diversidade e a inclusão tenham morada e acolhida. O impulso ético é o que nos permite abordar criticamente as normas dos discursos estabelecidos e dos saberes postos. Conforme afirma Rita Laura Segato (2006) a movimentação própria do desejo humano nos permite desinstalar os "*chips*" que são projetados para transformar o nosso comportamento em algo automático. É o impulso ético que nos permite escapar à automação e reinventar a realidade social, não raras vezes, fechada em sua violência excludente.

O ser humano sendo um ser construtor de cultura pode chegar a processos reflexivos críticos que desencadeiem mudanças. A ética, definida nesse contexto, é aspiração ou desejo de uma vida melhor, mais verdade, justiça e está, portanto, em constante movimento, é um impulso vital que nos possibilita a abertura para o Outro em uma permanente preocupação, em uma busca contínua, de romper com a realidade plasmada pela mesmice e exclusão do diferente. A ética consiste em um constante movimento, em abertura ao futuro e à transformação, marcada por um desejo implacável de transmutar as certezas, permitido que as dúvidas e a suspeita se instalem para promover constantes autocríticas. Nesse contexto de revisões éticas a inclusão e a diversidade podem ser plenamente experimentadas no âmbito do lazer.

A desinstalação, o desconforto, o desafio ético provocado pelas reflexões de Lévinas (1982) nos remete à radicalidade de uma disponibilidade existencial para a interpelação de um Outro capaz de humanizar-nos, uma vez que nos obriga a um desprendimento e nos lança a uma responsabilidade, a de desconhecermo-nos e a abandonar nossas certezas, para assumir o valor ético da alteridade. Esse compromisso ético, sem dúvida, representaria uma mudança radical na construção dos saberes e na prática na perspectiva de sociedades inclusivas que promovem a diversidade como possibilidade humana de existir.

Considerando que desejamos abordar o campo de estudos do lazer a partir de uma perspectiva de inclusão e diversidade, para avaliar os tempos atuais de violação dos direitos sociais, cumpre a necessidade de trazer à tona alguns sujeitos sociais que nos tem interpelado nas lidas com o lazer. Na companhia desse Outro que me interpela constantemente e me provoca a construções e desconstruções desejo trazer para a conversa a pergunta pelos sujeitos sociais do lazer e como eles tem reinventado a vida a partir de suas experiências de lazer.

9.2 A corporeidade em lazer e sua percepção de inclusão na diversidade

A autoestima e abertura de horizontes que se experimenta no lazer têm potencial significativo para garantir o empoderamento às pessoas envolvidas permitindo-lhes uma experiência de viver a vida por inteiro e não pela metade, à semelhança do que pude experimentar na companhia de alguns sujeitos reais que menciono a seguir diante da beleza e desafio que seus depoimentos nos trazem.

Neuma, uma jovem negra de 19 anos, impactou aos que a escutavam naquela noite. Dizia ela: "desde criança aprendi que negro, quando passa perto da polícia, tem que fazer silêncio, encolher o corpo e baixar a cabeça. Não pode encarar. Não pode olhar no olho. É sempre culpado. Sua culpa, seu crime (ainda que não tenha feito nada), está marcado/tatuado na cor de sua pele." E, dizia ela, assim aprendeu e sempre encolheu o corpo. No entanto, ao chegar à universidade, onde estuda, deparou-se no caminho, com policiais militares que também faziam um curso na universidade e para seguir seu caminho precisava passar no meio deles. Foram muito poucos os segundos de reflexão e decisão, mas segundos que revisitaram sua experiência em um grupo comunitário de vivências de lazer que lhe davam um outro referencial de lugar no mundo. Segundos que estavam alicerçados também em seu convívio com corpos negros fortes, os quais eram autoridades para ela (alguns de seus professores, doutores e mestres). Naquele caminho, ao cruzar com os policiais, ela decidiu que tinha o poder de endireitar o corpo, levantar os olhos e passar entre aqueles policiais, como nunca seu corpo (e o de muitos outros negros) havia sido autorizado a fazer, devido ao imaginário social fortemente racista de nosso país. Um corpo altivo, com olhar ao encontro do olhar do outro, esta era a Neuma nos dando uma belíssima aula de cidadania e reconstrução das relações sociais de poder.

A alteridade como princípio ético pode gerar um movimento de desconforto e de desinstalação por exigir uma disponibilidade existencial para um Outro que se apresenta como um rosto irredutivelmente distinto e, portanto, nos obriga ao desprendimento e nos convida a um outro olhar, como nos aconteceu ao experimentar o cotidiano com o Leandro. Ele, um jovem de 23 anos com Síndrome de Down, que participava do "Projeto Espaço Com-Vivências", no qual eram atendidas 220 crianças com diversas deficiências, chegou curioso para aprender e mostrar sua dança. Passados alguns meses, sua alegria era circular pela universidade, fazer novos amigos (entre os estudantes dos diversos cursos da universidade), convidá-los a conhecer o Projeto e repartir sua auto percepção e auto titulação de professor de dança no projeto que atendia crianças empobrecidas no contra turno escolar. Nos processos educativos de lazer ele foi aprendendo, empoderando-se e percebendo que poderia dar sua contribuição e assim o fez. Durante algumas semanas ensaiou uma expressiva apresentação de seu grupo para participar do festival de dança na universidade. A sabedoria nascida no cotidiano de quem se sente parte integrante de um processo no qual não se prioriza a normalização dos corpos pode ensinar muito sobre inclusão e diversidade no lazer e essa possibilidade foi vivenciada por todos.

O conjunto de vozes de mulheres sobre suas descobertas a partir de sua participação em um projeto de lazer e cidadania pode contribuir para reverberar a perspectiva de que inclusão e diversidade são possibilidades em momentos de lazer, como observamos em suas afirmações: "antigamente eu não sabia o que é lazer não, mas depois que eu comecei a frequentar [o projeto] eu vim entender a importância do lazer na vida das pessoas. Aí foi que eu fui entender o que é conviver em um grupo de pessoas... a importância que tem esse grupo que se reúne pra falar de muitas coisas" (Oneida). Ou "no meu pensar... o lazer tá mostrando pra gente que a gente precisa se dar mais um pouco de valor. Procurar mesmo o nosso bem estar mesmo, não só trabalho... trabalho" (Evalda). Ou ainda "sábado era sempre a mesma coisa, lavar, limpar casa...[...] esse sábado eu não perco por nada, larguei tudo lá e falei não quero nem saber eu vou pro projeto. Porque assim, foi uma forma que eu achei de voltar a viver. [...] porque esse momento aqui é um momento meu" (Nazaré). "Não, e... para mim é assim, lá em casa eu digo assim: – hoje é meu dia de sair da rotina, né! Porque eu vou fazer algo diferente, algo para mim" (Dalva). "Chegou gente lá em casa e eu disse: eu vou, já está marcado. É o sonho de todo mundo poder realizar sonho" (Lívia). "Hoje também me ligaram e eu já disse que tava indo [pro projeto]. Falei: Cuida aí das suas filhas que eu estou indo" (Judite). "Só o fato de você sair de casa, você ver outras pessoas é uma forma diferente de ver a vida porque eu ficava muito presa, muito focada naquilo que eu tinha que fazer em casa, eu não tinha tempo pra mim. Hoje eu largo tudo. O dia do encontro eu deixo a roupa na máquina e venho pra cá, porque aqui eu sou feliz. Em quinze em quinze dias, pelo menos a gente vem, a gente ri, a gente fala besteira, a gente dança e a gente é feliz, a gente está sempre muito alegre. [...] A partir da minha participação no grupo eu comecei a ter um olhar diferente pra minha vida, pra minha pessoa, porque assim, eu sempre vivi só pros meninos... pra minha família, mas nesse sair de casa e vim pra cá nesse momento me despertou que eu estou viva, que eu preciso cuidar mais de mim e que eu tenho esse direito" (Antônia). Outras falas poderiam ser trazidas, mas com estas é possível verificar que foi crescendo entre o grupo de mulheres negras empobrecidas a percepção de que seu tempo e espaço de lazer eram fundamentais na construção de sua identidade e pertença a um mundo mais amplo.

Um tempo de inclusão e diversidade só pode ser construído como fruto de justiça plena! Nesse sentido, me parece que o diálogo é nosso caminho de possibilidade.

9.3 Diálogo entre sujeitos e saberes distintos

O diálogo a que nos referimos requer um movimento de abertura, de escuta do Outro, de respeito ao lugar no mundo que cada um de nós tem. Um movimento de partilhar o que se sabe, mas igualmente deixar-se interrogar pelo diferente. É fundamental que as perguntas e os discursos da outra pessoa sejam levados muito a sério.

Nesse exercício de escuta do saber do Outro somos convidados e convidadas a revisitar o que já sabemos e o que acreditamos. É preciso cultivar o desejo do novo em nossa experiência e, acima de tudo, reconhecer o lugar de onde falamos e de onde escutamos, que é histórico, culturalmente situado e traz as marcas de nossa classe, etnia, raça, gênero, idade. Essa reflexão sobre o diálogo, apesar de parecer simples e óbvia, é um caminho necessário a ser cultivado.

O diálogo, em qualquer das áreas de conhecimento, implica que as pessoas reconheçam as diferenças que existem em sua maneira de ver a realidade, em seu repertório de saberes. Nesse processo, a escuta do Outro e a capacidade de troca de ideias é fundamental para as ideias não estejam superpostas ou suprimidas, mas sim permitam mudanças de ambas as partes quando assim perceberem ser possível. O que precisamos então como ponto de partida? Entre algumas possibilidades de caminho está a sensibilidade para falar e para ouvir.

Partindo do reconhecimento da diversidade, é fundamental para ocorrer o diálogo conceber verdades como uma expressão plural e passível de ser relativizada, ainda que "as verdades" sejam espaço de segurança para quem as professa. Do contrário, fundamentalismos de qualquer das verdades seria sinal de um diálogo que não tem possibilidade nem mesmo de ser iniciado.

A consciência da parcialidade de nossa experiência diante do campo de estudo nos remete a reconhecer essa dimensão de localização da experiência e nos permite ter o ouvido aberto, o coração, os olhos, enfim, nossa corporeidade, nossa integridade pronta para perceber a beleza da pluralidade de nossas experiências em uma atitude aprendente. Nesse sentido, a concepção de lazer que aprendemos pode ser nosso ponto de partida para o diálogo, mas não precisa ser nem o ponto de chegada, nem tratada como verdade absoluta.

Buscar um diálogo é decidir enfrentar processos que não são de abertura logo de saída. Todo cuidado é pouco para não ferir suscetibilidades, crenças, tradições e verdades que conferem segurança ao cotidiano das pessoas. Ao anunciar a busca de diálogo visando à abertura de processos que sinalizem a inclusão e a diversidade, trago como pressuposto que este diálogo precisa encontrar mecanismos de promover o respeito, a equidade e a justiça em uma realidade marcada pela aversão à diversidade e tomada por uma lógica de normalidade quase intocável.

Apenas identificar os pontos de unidade não seria suficiente para tratar do diálogo entre nossas concepções diferentes. Precisaremos dar um passo adiante que é o de reconhecer as diferenças contidas nas "verdades irrenunciáveis" a cada concepção, a fim de revisitá-las com cuidado e promover a abertura, para que o movimento e urgências dos clamores de vida nos levem a romper com os dogmatismos.

A par desse caminho de abertura ao diálogo parece-nos importante que seja anunciado um convite à superação de preconceitos e revisão dos estereótipos que os grupos sociais vão construindo ao longo da história. Os estereótipos têm a finalidade de autopreservação e diferenciação, muitas vezes vivenciados como exclusão do diferente, por meio de processos de desqualificação oriundos de um juízo de valor negativo a priori.

Não seria possível tratar a questão da inclusão e diversidade na sociedade sem identificar também que ademais das questões próprias da concepção de lazer que lhes são próprios, os grupos sociais estão marcados pelo *ethos* cultural-social-político no qual estão inseridos, bem como seus respectivos processos de mudanças ou de cristalizações históricas.

O diálogo, em busca de sociedades justas e inclusivas, é um desafio, o qual requer constantes análises, entre elas destaco algumas:

- As instituições acadêmicas têm correntes muito pesadas, tradições e doutrinas a preservar, daí sua dificuldade em ser sinal de justiça e direito de todos.
- Nesse sentido, as instituições têm suas normas reguladoras (escritas ou transmitidas na oralidade) que se constituíram por meio de construções humanas de saber. Saberes marcados por uma concepção datada, sexuada, racificada, contextualizada e culturalizada.
- Os espaços de saber se "auto-preservam" antes mesmo de defender a vida e, não raras vezes, têm sido articuladores da violência contra a vida, por meio de seus discursos e tradições culturais.
- Um caminho fundamental para que os campos de saber se tornem espaços justos e inclusivos, nos parece que começa por assumir uma cotidiana "liturgia" de autocrítica e arrependimento por compactuar com a violência. Não apenas no passado, mas no presente também. O passado não está tão distante, é o ontem colado e agarrado no hoje, no presente.
- Falamos de passados, às vezes distantes, como o genocídio aos povos originários das Américas ou a escravização dos negros da África. Passados distantes que seguem reverberando na corporeidade marcada pela violência ainda em nossos tempos. Não há um passado que tenha ficado para trás, ele tem se atualizado em diversas ações que no presente, seguem legitimando e justificando a violência, a subordinação, os estigmas, as fobias, as exclusões dos grupos de mulheres,

de homossexuais, de negros, de indígenas, de empobrecidos, de pessoas com deficiências.
- É importante reconhecer que instituições tendem a se "auto preservar" a despeito da vida das pessoas. A revitalização das instituições na perspectiva de sociedades justas e inclusivas, se manifesta quando existe uma desconstrução destas normatizações que reforçam discriminações, exclusões, inferiorizações e injustiças (de gênero, étnicas, de classe, de castas, de deficiências, de gerações, de crenças etc.).

Considerando que tanto as instituições quanto os saberes que as sustentam são criações humanas, é importante, confrontá-los com algumas das revisões antropológicas propostas no início deste texto, bem como as características de contracultura que as experiências de lazer podem propiciar. Entre as muitas possibilidades tomo a liberdade de olhar para a festa como um tempo e espaço que pode traduzir a compreensão de lazer que desejo ressaltar como caminho para experimentar a diversidade e a inclusão.

A festa enquanto lugar de passagem onde as pessoas vivenciam profundamente a dimensão da provisoriedade, da transitoriedade traduz essa experiência humana pouco preocupada com o pragmatismo da escolha. A festa não é o lugar da instalação. A festa, portanto, figura como um desafio à normatividade do real e requer que a *provisoriedade* e *precariedade* das experiências humanas apareçam como norteadoras das desconstruções necessárias. Há muito para aprender das festas populares marcadas pela gratuidade, pois aqui a fartura anuncia-se como o desejo futuro que foi tornado presente por meio da partilha e da solidariedade e não porque as questões estruturais da sociedade estão já solucionadas. Ou ainda como acrescenta Perez (2002, p. 53), a festa "é, no entanto, vivida, por aqueles que dela participam, como explosão de vida, como revigoramento e, portanto, como uma espécie de renascimento, pleno de atualidade, de inovação, de ruptura. Para quem participa dela, a festa não tem idade, é sempre atual".

A gratuidade da festa é uma possibilidade de a corporeidade posicionar-se frente à realidade e em alguns momentos do cotidiano sinalizam rupturas, resistências significativas e são anúncios simbólicos *de saída* da violência que é servida como prato diário. Um aroma de afirmação de vida e resistência fazem da festa um tempo e espaço de lazer carregado de valores potencialmente revolucionários da ordem vigente. Do lazer para outras esferas da vida se traz lições e renovação da esperança e de anseios de mudança. Segundo Marcellino (1996, p. 96), a festa enquadra-se nesse universo lúdico, com possibilidades de denúncia da realidade e de subversão da ordem vigente, considerando que "embora não de modo exclusivo, é particularmente no tempo de lazer que são vivenciadas situações geradoras de valores que poderiam ser chamados de *revolucionários*".

A festa constitui uma das experiências de lazer experimentadas pelas sociedades humanas, muito antes das atuais convenções e reduções do tema. Por isso, vale resgatar dela o caráter coletivo extraordinário, extratemporal e extralógico, como sublinha Lea Perez (2002, p. 19), acrescentando que:

> a condição da festa é dada pela confluência de três elementos fundamentais interdependentes um do outro, que se con-fundem um com os outros, a saber: um grupo em estado de exaltação [...] que consagra sua reunião a alguém ou a alguma coisa [...] e que, assim procedendo, liberta-se das amarras da temporalidade linear e da lógica da utilidade e do cálculo, pois a festa é uma sucessão de instantes fugidios, presididos pela lógica do excesso, do dispêndio, da exacerbação, pela dilapidação. Em resumo: a festa instaura e constitui um outro mundo, uma outra forma de experienciar a vida social, marcada pelo lúdico, pela exaltação dos sentidos e das emoções.

A possibilidade de ter um tempo e espaço em que se possa estar consigo mesmo é a manifestação de uma das possiblidades perceptíveis do lazer. Contudo, é muito incomum que as pessoas em sua grande maioria consigam olhar para seu cotidiano e encontrar essa expressão de vida, aqui denominada *lazer*. Entre as dificuldades para isto está a expropriação que a lógica capitalista faz desses momentos, transmutando tudo na forma de mercadoria e oferecendo como meros bens de consumo, retirando das pessoas sua autoria das atividades de lazer e sendo conduzidas a viver uma pasteurização que faz desaparecer a dimensão de cultura e arte de muitas das possibilidades vivenciadas.

O acúmulo de trabalho e de responsabilidades que muitas pessoas têm em virtude de seu empobrecimento é outro dificultador do processo, uma vez que gera jornadas exaustivas de trabalho para garantir a subsistência, restando muito pouco do tempo e da energia vital para se envolver em atividades de lazer. Em diversas outras situações as condições ameaçadoras e impossibilitadoras desta experiência de lazer ocorrem pela pertença a grupos sociais que encontram barreiras por estarem no espectro de grupos marginalizados e discriminados. Por isso, a pergunta pelos sujeitos sociais do lazer é fundamental. Ao cruzarmos as categorias gênero, raça, etnia, classe, orientação sexual, idade, deficiências as possibilidades e impossibilidades de acessar o lazer irão variar consideravelmente.

A inclusão na diversidade de gênero apontará para o uso do tempo e espaço que culturalmente se apropriou para o descanso e a diversão masculina em detrimento do tempo e espaço reservado às mulheres, que para além das obrigações no mercado de trabalho ainda tem a sobrecarga das tarefas domésticas e os cuidados (das crianças, dos doentes, dos idosos, das pessoas com deficiências). Se agregarmos à diversidade de gênero a de raça e classe, o distanciamento das mulheres negras e empobrecidas da experiência de lazer irá saltar aos olhos. Por outro, se considerarmos a realidade das pessoas com deficiências, as condições de acessibilidade e de adaptação dos espaços, equipamentos e das próprias atividades farão o desserviço em relação a sua experimentação do lazer no cotidiano.

Entre os elementos necessários ao debate no campo do lazer para tratar da inclusão das diversidades que nos constituem na experiência humana, de ser e estar no mundo, será importante aprofundar o debate sobre os processos de normalização da sociedade que tratam de modelos de ser humano, muito rígidos, nos quais não cabe a diversidade humana presente no mundo pós-moderno; sobre os processos de reificação do lazer em uma lógica de consumo apresentada em apertados catálogos intocáveis, pacotes prontos, os quais não se pode alterar nenhum item sob pena de desqualificar o pacote e aumentar seu custo; sobre os processos de massificação da cultura, pelas mídias televisivas, como mecanismo de desqualificação do próprio da cultura popular local e regional; sobre os processos de educação que não se comprometem com a socialização do capital cultural construído ao longo da história da humanidade ocultando um universo muito mais amplo que fica disponível apenas para as elites; sobre os processos de cidadania, nos quais os direitos sociais conhecidos e exigidos não sejam apenas aqueles que parecem atenuar as demandas de sobrevivência, como a saúde, o trabalho, a educação, a segurança [...], mas também o lazer enquanto direito fundamental para a garantia da humanização, das relação Eu-Outro vividas em tempos de gratuidade e possam ser experimentadas por meio de uma ética da alteridade.

Em tempos de violações dos direitos sociais, o direito ao lazer é um bem tão fundamental quanto o trabalho, a educação, a saúde, a segurança, a moradia e não pode continuar a ser encarado como mera compensação para quem está inscrito no mercado de trabalho. Dessa forma, é urgente sair dessa oposição e principalmente disjunção entre lazer e trabalho, lazer e obrigações, lazer e tempo livre, entre outras separações para resgatarmos a complexidade da experiência humana presente em todos estes tempos e espaços.

A dialogicidade proposta por Edgar Morin (2000, p. 41) requer a superação da disjunção ou compartimentação, a qual provoca separações e fechamentos em si mesmos que impedem de se apreender "o que está tecido junto" no cotidiano. Segundo o autor é importante entender o que separa e o que reduz para que se coloque no lugar o que distingue e une. Cada uma das partes, ou das esferas da vida precisa ser conhecida em sua particularidade, mas também em sua totalidade, o importante é conjugá-las, pois a vida humana é este emaranhado complexo, em que as intercomunicações e interdependências precisam ser tomadas em seu contexto e seu conjunto a fim de não fragmentar a sistemicidade e a multidimensionalidade dos fenômenos.

> Desse modo, a concepção de lazer que permeia esta reflexão está sintonizada com a utopia de uma sociedade mais justa que se constrói a partir de um processo de decisão participativa e autônoma, bem como através de jogos lúdicos nos quais se pode experimentar a reinvenção da realidade a partir de sujeitos reais: plurais e diversos, com todo o direito à inclusão. Isto me parece possível, tendo como ponto de partida uma concepção de lazer que enfrenta a lógica que o reduz a um processo de compensação, de alienação ou de exploração pelo mercado, e, sobretudo, o promove como processo educativo crítico e criativo. (Sampaio, 2011, p. 40)

No propósito de refletir e vivenciar o lazer é fundamental tomar como premissa que Inclusão e diversidade não são algo "natural", não se encontram na atmosfera, não se apresentam como abstrato universal. Têm de ter raízes na realidade humana. O que tenho aprendido pela vida, no convívio com diversas comunidades e grupos sociais é que inclusão e diversidade sem justiça não existem. Inclusão e diversidade sem equidade não criam raízes. Inclusão e diversidade em meio à inferiorização, à hierarquização, à exclusão e à discriminação não prosperam. Inclusão e diversidade em meio à fome, à ausência de trabalho, de saúde, de moradia, de educação, de descanso, de lazer, de prazer não se consolidam.

Inclusão e diversidade no contexto de diferenças que se transformam em condições de desigualdades (de gênero, de classe, de etnia, de idade, de deficiências físicas-visuais-auditivas-intelectuais, de castas, de tradições religiosas, de crenças, de orientação sexual...) não revelam equidade.

Ademais disto, os sujeitos reais a quem se direciona uma proposta de lazer transformadora se fundamenta na percepção de que inclusão e diversidade em uma sociedade que não se ocupa verdadeiramente do combate à alarmante violência doméstica contra mulheres, em todas as partes do mundo (ocidental e oriental), não apresentam compromisso de erradicação desse mal. Inclusão e diversidade em uma sociedade em que crianças e jovens são abusados sexualmente, explorados em trabalhos diversos, têm seus corpos prostituídos e maltratados, não alimentam a esperança de mudanças. Inclusão e diversidade em uma sociedade em que homossexuais são assassinados ou alvo de pena de morte, não revelam a instauração do direito à vida na diferença. Inclusão e diversidade em uma sociedade em que as famílias não podem se organizar na heterogeneidade de parcerias e relações afetivas não respeitam a humanidade plural que somos.

O enfrentamento ao racismo e a discriminação, por meio de um processo crítico e criativo do lazer exige compromisso com uma perspectiva de inclusão e diversidade, que supere processos sociais em que negros e indígenas seguem vitimados pelo racismo e etnocentrismo, cientificamente construído e ideologicamente legitimado, pois não apontam para uma contemporaneidade que de fato tenha saído da violência da conquista, da escravização e da subjugação dos povos. Inclusão e diversidade em uma sociedade em que os negros, os indígenas, as pessoas com deficiências seguem segregados e alijados de seu direito à humanidade plena, não apresentam o compromisso com o fim dos privilégios das elites e de seus princípios de normalização.

Não menos importante, é mister afirmar que inclusão e diversidade em uma sociedade que não enfrenta a alocação de bilhões de recursos financeiros para a indústria bélica e a corrida armamentista, camuflada em um discurso de "salvaguardas" da liberdade e segurança, não são sérias, em tempos atuais. Inclusão e diversidade em uma sociedade que não cria possibilidades de uma vida sustentável para os seres humanos, os demais seres vivos e as energias vitais do ecossistema, não respondem ao clamor do esgotamento sistêmico. Inclusão e diversidade em uma sociedade em que a liberdade do mercado globalizado legitima a morte cotidiana de milhões de pessoas, como vítimas no altar do sacrifício moderno, não condizem com uma lógica da gratuidade e alteridade, que tem no rosto do Outro, seu desafio para a busca de dignidade para todas as pessoas.

O espaço de reflexão sobre o lazer, tendo como fio condutor a inclusão e diversidade, tem muitos desafios a enfrentar. Alguns destes foram indicados acima, mas certamente, outros poderiam ser aqui agregados.

Considerações finais

Em face do desafio de refletir sobre inclusão e diversidade como eixos fundamentais da experiência de lazer desejo que a contribuição desta reflexão, sobre os pressupostos teóricos que embasam a compreensão antropológica e o processo relacional Eu-Outro, nos ajude a enfrentar as relações sociais assimétricas, não apenas entre homens e mulheres, mas entre etnias, classes sociais, gerações e crenças, desvendando a inexistência de um ser humano universal, afirmando a inexistência de homogeneidade nestes grupos sociais, exigindo que a diversidade e a pluralidade sejam reconhecidas como ponto de partida para pensar o lazer e os outros saberes e fazeres sociais.

Nesse caminho, a abertura ao Outro é um aprendizado que precisa ser encarado como tarefa educativa urgente, pois estamos diante de relações sociais de poder que atravessam nossa corporeidade. E o ser humano não está aberto naturalmente ao respeito e percepção do Outro, mas pode e precisa ser educado para isto, sendo o lazer um espaço e tempo significativo para as **comunidades aprendentes**. O valor ético da alteridade é o convite a consolidar comunidades justas e inclusivas como processo cotidiano e em atitude aprendente na diversidade.

Os saberes, poderes e subjetividades aprendidas na escuta e diálogo com muitos Outros sujeitos reais me permitiram identificar o lazer como tempo e espaço privilegiado para a vivência da inclusão e da diversidade(de gênero, de classe, de etnia, de raça, de idade, de deficiências). O lazer na qualidade de movimento e momento da expressão da corporeidade, livre das amarras do mercado, carrega o potencial de ensaiar sociedades justas e inclusivas. Neste ensaio se pode antecipar e construir caminhos de superação da inferiorização, da hierarquização, da discriminação, dos estereótipos, da normalização, da exclusão do diferente. Ao se apropriar do direito ao lazer, as comunidades aprendentes podem começar a fazer ilações de suas possibilidades de superação da violação de tantos outros direitos sociais como a saúde, o trabalho, a moradia, a segurança. E, acima de tudo, viver com a dignidade de uma sociedade regida não apenas pela igualdade prescrita na Constituição, mas pela equidade tecida na rede cotidiana das relações diversas e inclusivas.

Utópico este ensaio? Com certeza! E de que outra maneira poderia ser, senão dando asas ao desejo e ao sonho? Isso revela o melhor e o pior de nossa humanidade. Opto por instar o melhor de nosso desejo para seguir sonhando com outras relações de saber-poder possíveis e, seguir me indignando com os entraves quando a inclusão e a diversidade ainda não são possíveis.

Para concluir...

Concluímos esta obra certos de que atingimos o objetivo de mostrar a necessidade de ampliarmos as discussões acerca do lazer e da vida de qualidade na sociedade contemporânea.

O lazer tem como representação maior a sua contemplação como direito social, contemplada pela Constituição Federal de 1988. Esse fator intensificou, nos últimos anos, o debate sobre as ações políticas do Estado brasileiro que desencadeou na criação e um Ministério do Esporte, em 2003. Dessa forma, os autores desta obra compreendem o lazer como um conjunto de atividades relacionadas ao comportamento humano durante o período de tempo disponível, relacionado à vida pessoal e coletiva, que cabe ao Estado garantir como direito social.

A vida de qualidade discutida na obra, por sua vez, diz respeito às experiências hedônicas de cada indivíduo, relacionadas às condições históricas, políticas, ambientais, econômicas, geográficas e culturais. Em uma sociedade altamente tecnológica, globalizada e com o mercado atrelado ao consumo, discutir a vida de qualidade é realizar uma reflexão sobre a disseminação das formas de lazer na última década. O crescimento do mercado e do consumo do lazer de forma privada é fruto da ausência do Estado na garantia do acesso ao lazer como direito social, o que o torna passível de compra como se fosse uma mercadoria.

Apesar da criação de um Ministério do Esporte e de políticas pública de lazer, o acesso ao lazer não é garantido, uma vez que não foi consolidado um Sistema Nacional de Lazer no Brasil. Assim, esse acesso sucumbiu e transformou o direto em mercadoria a ser comprada no mercado. A ausência do Estado nessa questão impacta principalmente as classes menos privilegiadas de poder econômico, uma vez que as classes mais favorecidas compram o acesso no mercado.

Dessa forma, os autores chamam a atenção para a necessidade de criação de um Sistema Nacional de Lazer, com programas, projetos, construção e reforma da infraestrutura, que contemple a acessibilidade, a segurança pública, a animação cultural e uma programação diversificada no atendimento de todos.

Acreditamos que os textos desta obra, que tratam o lazer e a vida de qualidade a partir de diferentes referenciais teóricos e metodológicos, servem para que iniciemos uma reflexão profunda a respeito das questões interdisciplinares do lazer – ao envolver diversas temáticas, como a preservação do meio ambiente, o estilo de vida saudável, os esportes de aventura, a inclusão dos idosos no lazer, a ampliação da participação da sociedade. Outros temas relacionados ao campo do lazer também foram abordados, como o futebol, os interesses culturais, as teorias do lazer, o jogo na educação escolar, a animação cultural e a inclusão e a diversidade.

Atualmente, o que parece emergir como novos temas do lazer – questão socioambiental, acessibilidade dos equipamentos de lazer, lazer e vida de qualidade relacionada ao exercício da cidadania e saúde – são, na verdade, temáticas que estão ganhando destaque nas discussões científicas, a partir de diferentes referenciais teóricos, sob o enfoque do mundo globalizado.

Referências

ABRANTES, F. V. P. **Quando o bar se torna estádio**: um estudo acerca do torcer em bares de Belo Horizonte. 144 f. Dissertação (Mestrado em Estudos do Lazer) – Universidade Federal de Minas Gerais, Belo Horizonte, 2015.

ACOSTA, A. **O bem viver**: uma oportunidade para imaginar outros mundos. São Paulo: Autonomia Literária, 2016.

ADORNO, T.; HORKHEIMER, M. **Dialética do esclarecimento**: fragmentos filosóficos. Rio de Janeiro: Zahar, 1985.

ALMEIDA FILHO, N. **O que é saúde?** Rio de Janeiro: Fiocruz, 2011.

ALVES, R. O. T. **A Lucta dos Titans**: a invenção da rivalidade entre o Clube Atlético Mineiro e Sociedade Sportiva Palestra Itália – 1921-1942. 182 f. Dissertação (Mestrado em Estudos do Lazer) – Universidade Federal de Minas Gerais, Belo Horizonte, 2013.

ALVES, F. N. Uma leitura antropológica sobre a educação física e o lazer. In: WERNECK, C. L.; ISAYAMA, H. F. (Org.). **Lazer, recreação e educação física**. Belo Horizonte: Autêntica, 2003. p. 83-114.

ANDRADE, A. do N. et al. Percepção de idosos sobre grupo de convivência: estudo na cidade de Cajazeiras-PB. **Revista Brasileira de Geriatria e Gerontologia**, Rio de Janeiro, v. 17, n. 1, p. 39-48, jan./mar. 2014. Disponível em: <http://www.scielo.br/pdf/rbgg/v17n1/1809-9823-rbgg-17-01-00039.pdf>. Acesso em: 17 ago. 2020.

ANDRADE, R. D.; SCHWARTZ, G. M., FELDEN, É. P. G. Variáveis socioeconômicas e o envolvimento no lazer: análise com a escala de práticas no lazer (EPL). **Licere**, Belo Horizonte, v. 21, n. 1, mar. 2018.

ANDRADE E SILVA, D. S. de. Interesse público: necessidade e possibilidade de sua definição no Direito Administrativo. **Estudantes**: Caderno Acadêmico, Recife, ano 4, n. 6, p. 129-145, jan./jun. 2000.

ARAÚJO-OLIVERA, S. S. Exterioridade: o outro como critério. In: OLIVEIRA, M. W.; SOUSA, F. R. (Org.). **Processos educativos em práticas sociais**: pesquisas em educação. São Carlos: EdUFSCar, 2014. p. 47-112.

ARCHETTI, E. P. **Masculinities**: Football, Polo and the Tango in Argentina. Oslo: Berg, 1999.

ARISTÓTELES. **Organon**. Tradução de Pinharanda Gomes. Lisboa: Guimarães Editores, 1985.

ASSIS, S. C.; DEBORTOLI, J. A. O. Festa e ritual na Irmandade Folia de Reis São Francisco de Assis: tecitura e tessituras de pessoas, instrumentos e sonoridades nas ruas de Carmo de Cajuru/MG – a experiência do lazer como processos identitários. **Licere**, Belo Horizonte, v. 18, n. 4, p. 414-438, dez. 2016.

ASSMANN, H. **Paradigmas educacionais e corporeidade**. Piracicaba: Unimep, 1994.

BAKHTIN, M. **Marxismo e filosofia da linguagem**. 4. ed. São Paulo: Hucitec, 1988.

BAPTISTA, M. M. Ócio, temporalidade e existência: uma leitura à luz da fenomenologia e hermenêutica heideggerianas. In: BAPTISTA, M. M.; VENTURA, A. (Coord.). **Do ócio**: debates no contexto cultural contemporâneo. Coimbra: Grácio, 2014. p. 95-102.

BARRETO, S. M. Envelhecimento: prevenção e promoção da saúde. **Cadernos de Saúde Pública**, Rio de Janeiro, v. 22, n. 9, set. 2006. Disponível em: <http://www.scielo.br/scielo.php?script=sci_arttext&pid=S0102-311X2006000900034>. Acesso em: 17 ago. 2020.

BATESON, G. **Steps to an Ecology of Mind**. London: Fontana, 1973.

BATISTELLA, C. Abordagens contemporâneas do conceito de saúde. In: FONSECA, A. F.; CORBO, A. D'A. (Org.). **O território e o processo saúde-doença**. Rio de Janeiro: Fiocruz, 2007. p. 51-86. (Coleção Educação Profissional e Docência em Saúde: a Formação e o Trabalho do Agente Comunitário da Saúde, v. 1).

BAULER, S. R. G. **O futebol faz rolar mais do que uma bola**: um estudo sobre os significados do futebol numa periferia urbana. 124 f. Dissertação (Mestrado em Ciência do Movimento Humano) – Universidade Federal do Rio Grande do Sul, Porto Alegre, 2004.

BAUMAN, Z. **Em busca da política**. Rio de Janeiro: J. Zahar, 1999a.

BAUMAN, Z. **Globalização**: as consequências humanas. Rio de Janeiro: J. Zahar, 1999b.

BAUMAN, Z. **Modernidade líquida**. Rio de Janeiro: J. Zahar, 2001.

BEARD, J. G.; RAGHEB, M. G. Measuring Leisure Satisfaction. Journal of Leisure: Concept, Theory, and Measurement. **Social Psychological Perspectives on Leisure and Recreation**, v. 1, p. 329-353, Jan. 1980.

BELL, D. **The Coming of Post-Industrial Society**. London: Heinemann, 1974.

BELLEFLEUR, M. **Le loisir contemporain**: essai de philosophie sociale. Québec: Presses de l'Université du Québec, 2002.

BENEDICT, R. **O Crisântemo e a espada**: padrões da cultura japonesa. São Paulo: Perspectiva, 2006.

BENJAMIN, W. **Reflexões sobre a criança, o brinquedo e a educação**. São Paulo: Duas Cidades; Ed. 34, 2002. (Coleção Espírito Crítico).

BOAS, F. **Antropologia cultural**. 6. ed. Rio de Janeiro: J. Zahar, 2010.

BOFF, L. **Virtudes para um outro mundo possível**. Petrópolis: Vozes, 2006. v. II: Convivência, respeito, tolerância.

BONDÍA, J. L. Notas sobre a experiência e o saber de experiência. **Revista Brasileira de Educação**, Rio de Janeiro, n. 19, p. 20-28, jan./abr. 2002. Disponível em: <http://www.scielo.br/pdf/rbedu/n19/n19a02.pdf>. Acesso em: 17 ago. 2020.

BOURDIEU, P. **O poder simbólico**. Rio de Janeiro: Bertrand Brasil, 2002.

BRANDÃO, C. R. **O que é educação**. São Paulo: Brasiliense, 1981.

BRANDÃO, C. R. Qualidade de vida, vida de qualidade e qualidade da vida. In: ____. **A canção das sete cores**: educando para a paz. São Paulo: Contexto, 2005. p. 27-72.

BRASIL. Constituição (1988). **Diário Oficial da União**, Brasília, DF, 5 out. 1988. Disponível em: <http://www.planalto.gov.br/ccivil_03/constituicao/constituicao.htm>. Acesso em: 17 ago. 2020.

BRASIL. Decreto n. 7.083, de 27 de janeiro de 2010. **Diário Oficial da União**, Poder Executivo, Brasília, DF, 27 jan. 2010. Disponível em: <http://www.planalto.gov.br/ccivil_03/_ato2007-2010/2010/decreto/d7083.htm>. Acesso em: 17 ago. 2020.

BRASIL. Lei n. 13.005, de 25 de junho de 2014. **Diário Oficial da União**, Poder Legislativo, Brasília, DF, 26 jun. 2014a. Disponível em: <http://www.planalto.gov.br/ccivil_03/_ato2011-2014/2014/lei/l13005.htm>. Acesso em: 17 ago. 2020.

BRASIL. Ministério da Educação. **Base Nacional Comum Curricular**: educação é a base. Disponível em: <http://basenacionalcomum.mec.gov.br/abase/>. Acesso em: 18 ago 2020.

BRASIL. Ministério da Educação. Secretaria de Articulação com os Sistemas de Ensino. **Planejando a próxima década**: conhecendo as 20 metas do Plano Nacional de Educação. Brasília, 2014b. Disponível em: <http://pne.mec.gov.br/images/pdf/pne_conhecendo_20_metas.pdf>. Acesso em: 18 ago. 2020.

BRASIL. Ministério da Saúde. **Política Nacional de Promoção da Saúde (PNPS)**: revisão da Portaria MS/GM n. 687, de 30 de março de 2006. Brasília, 2015.

BRASIL. Ministério do Esporte. **I Conferência Nacional do Esporte**. Brasília, 2004.

BRASIL. Ministério do Esporte. **II Conferência Nacional do Esporte**. Brasília, 2006.

BRASILEIRO, M. D. S. O lazer e as transformações socioculturais contemporâneas, **Lusophone Journal of Cultural Studies**, Minho, v. 1, n. 2, p. 90-108, 2013.

BROUGÈRE, G. **Jogo e educação**. Porto Alegre: Artes Médicas, 1998.

BRUHNS, H. T. (Org.). **Introdução aos estudos do lazer**. Campinas: Ed. da Unicamp, 1997.

BRUHNS, H. T. **A busca pela natureza**: turismo e aventura. Barueri: Manole, 2009.

BUYTENDIJK, F. J. J. O jogo humano. In: GADAMER, H. G.; VOGLER, P. (Org.). **Antropologia cultural**. São Paulo: EPU; Edusp, 1974. p. 63-87. (Nova Antropologia: o Homem em sua Existência Biológica, Social e Cultural, v. 4).

CABEZA, M. C. Ócio como referente na formação do novo cidadão. In: PERES, A.; LOPES, M. (Coord.). **Animação sociocultural**: novos desafios. Portugal: Associação Portuguesa de Animação e Pedagogia, 2007. p. 77-98.

CAILLOIS, R. **Os jogos e os homens**. Lisboa: Cotovia, 1990.

CALVINO, I. **O barão nas árvores**. São Paulo: Companhia das Letras, 2009.

CAMARGO, L. O. L. **O que é lazer**. São Paulo: Brasiliense, 1986.

CAMARGO, L. O. L. **O que é lazer**. São Paulo: Brasiliense, 1989.

CAMARGO, L. O. L. Recreação pública. **Cadernos de Lazer**, São Paulo, n. 4, p. 29-36, 1979.

CAMPOS, P. A. F. **Mulheres torcedoras do Cruzeiro Esporte Clube presentes no Mineirão**. 130 f. Dissertação (Mestrado em Estudos do Lazer) – Universidade Federal de Minas Gerais, Belo Horizonte, 2010.

CARAMURU: a invenção do Brasil. Diretor: Guel Arraes. Brasil: Sony, 2001. 88 min.

CASPERSEN, C. J.; POWELL, K. E.; CHRISTENSON, G. M. Physical Activity, Exercise, and Physical Fitness: Definitions and Distinctions for Health-Related Research. **Public and Health Reports**, v. 100, n. 2, p. 126-131, 1985.

CASSIRER, E. **Filosofia das formas simbólicas**. São Paulo: M. Fontes, 2001. v. I: A linguagem.

CERTEAU, M. de. **A invenção do cotidiano**. 7. ed. Petrópolis: Vozes, 2002. v. 1: Artes de fazer.

CHANG, P.-J.; WRAY, L.; LIN, Y. Social Relationships, Leisure Activity, and Health in Older Adults. **Health Psychology**, Washington, v. 33, n. 6, p. 516-523, 2014.

CHAO, C. H. N. et al. Atividades de aventura na natureza e desenvolvimento do comportamento pró-ambiental: análise comparativa entre idosos e condutores. **Movimento**, Porto Alegre, v. 21, n. 1, p. 169-180, jan./mar. 2015. Disponível em: <http://seer.ufrgs.br/index.php/Movimento/article/view/46491/33339>. Acesso em: 18 ago. 2020.

CLIMATE WATCH. **Global Historical Emissions**. 2018. Disponível em: <https://www.climatewatchdata.org/ghg-emissions?breakBy=regions-ABSOLUTE_VALUE&chartType=percentage&regions=TOP&sectors=664&source=55>. Acesso em: 9 jan. 2020.

COSTA, K.; SOARES, K.; DEBORTOLI, J. Lazer e alteridade em "outros" modos de viver: aproximações com a antropologia. **Licere**, Belo Horizonte, v. 19, n. 1, p. 356-393, mar. 2016.

CRAWFORD, D. W.; GODBEY, G. Reconceptualizing Barriers to Family Leisure. **Leisure Sciences**, New York, v. 9, n. 2, p. 119-127, 1987.

CRAWFORD, D. W.; JACKSON, E. L.; GODBEY, G. A Hierarchical Model of Leisure Constraints. **Leisure Sciences**, New York, v. 13, n. 4, p. 309-320, 1991.

CREPALDI, R. **Jogos, brinquedos e brincadeiras**. Curitiba: Iesde, 2010.

CSIKSZENTMIHALYI, M. **Flow**. New York: Harper and Row, 1990.

CUNHA, N. **Cultura e ação cultural**. São Paulo: Edições Sesc, 2010.

CZERESNIA, D.; MACIEL, E. M. G. S.; OVIEDO, R. A. M. **Os sentidos da saúde e da doença**. Rio de Janeiro: Fiocruz, 2013.

DAMÁZIO, E. da S. P. Multiculturalismo versus interculturalismo: por uma proposta intercultural do Direito. **Desenvolvimento em Questão**, ano 6, n. 12, jul./dez. 2008.

DEBORTOLI, J. Lazer, envelhecimento e participação social. **Licere**, Belo Horizonte, v. 15, n. 1, p. 1-29, mar. 2012.

DEBORTOLI, J.; COSTA, K. O tornar-se Arturo revelado na Festa de Nossa Senhora do Rosário: saberes e práticas compartilhados nos entrelaçamentos cotidianos. **Movimento**, Porto Alegre, v. 22, n. 3, p. 809-820, jul./set. 2016.

DEBORTOLI, J.; SAUTCHUK, C. Cultura e habilidade: um diálogo entre a educação física e a antropologia de Tim Ingold. **Revista Brasileira de Ciências do Esporte**, v. 36, n. 2, p. S338-S352, 2014.

DEGRAZIA, S. **Of Time, Work and Leisure**. New York: Doubleday, 1962.

DELEUZE, G.; GUATTARI, F. **Mil Platôs**: capitalismo e esquizofrenia. São Paulo: Ed. 34, 1995.

DIAS, C. et al. Estudos do lazer no Brasil em princípios do século XXI: panorama e perspectivas. **Movimento**, Porto Alegre, v. 23, n. 2, p. 601-616, 2017.

DIAS, V. K. **A participação de idosos em atividades de aventura na natureza no âmbito do lazer**: valores e significados. 119 f. Dissertação (Mestrado em Ciências da Motricidade) – Universidade Estadual Paulista, Rio Claro, 2006.

DUARTE, E. C.; BARRETO, S. M. Transição demográfica e epidemiológica: a epidemiologia e serviços de saúde revisita e atualiza o tema. **Epidemiologia e Serviços de Saúde**, Brasília, v. 21, n. 4, p. 529-532, 2012.

DUMAZEDIER, J. **A teoria sociológica da decisão**. São Paulo: Sesc, 1980a.

DUMAZEDIER, J. **Valores e conteúdos culturais do lazer**. São Paulo: Sesc, 1980b.

DUMAZEDIER, J. **Questionamento teórico do lazer**. Porto Alegre: Celar; PUCRS, 1975.

DUMITH, S. C. Atividade física e sedentarismo: diferenciação e proposta de nomenclatura. **Revista Brasileira de Atividade Física e Saúde**, v. 15, n. 4, p. 253-254, 2010.

DUSSEL, E. **A produção teórica de Marx**: um comentário aos Grundrisse. São Paulo: Expressão Popular, 2012.

DUSSEL, E. Alguns princípios para uma ética ecológica material de libertação: relações entre a vida na terra e a humanidade. In: PIXLEY, J. (Coord.). **Por um mundo diferente**: alternativas para o mercado global. Petrópolis: Vozes, 2003. p. 23-35.

DUSSEL, E. **Transmodernidad e interculturalidad (interpretación desde la filosofía de la libertación)**. Ciudad del México: UAM, 2005.

ECO, U. **Cinco escritos morais**. Rio de Janeiro: Record, 1997.

ELIAS, N. **O processo civilizador**. Rio de Janeiro: J. Zahar, 1990. v. I: Uma história dos costumes.

ELIAS, N., DUNNING, E. **A busca da excitação**. Lisboa: Difel, 1992.

ELKONIN, D. B. **Psicologia do jogo**. São Paulo: M. Fontes, 1998.

ERVATI, L. R.; BORGES, G. M.; JARDIM, A. de P. (Org.). **Mudança demográfica no Brasil no início do século XXI**: subsídios para as projeções da população. Rio de Janeiro: IBGE, 2015. Disponível em: <https://biblioteca.ibge.gov.br/visualizacao/livros/liv93322.pdf>. Acesso em: 18 ago. 2020.

FALEIROS, M. I. L. **Repensando o lazer**. São Paulo: Perspectivas, 1980.

FARNELL, B. Moving Bodies, Acting Selves. **Annual Review of Anthropology**, v. 28, p. 341-373, 1999.

FERREIRA, J. S. **O percurso da saúde pública no Brasil**: do empirismo à promoção da saúde. Campo Grande: Ed. da UFMS, 2016.

FOUCAULT, M. **Microfísica do poder**. Tradução de Roberto Machado. Rio de Janeiro: Graal, 1979.

FREINET, C. **Pedagogia do bom senso**. São Paulo: M. Fontes, 1998.

FREIRE, J. B. **O jogo**: entre o riso e o choro. São Paulo: Autores associados, 2002.

FREIRE, J. B.; SCAGLIA, A. J. **Educação como prática corporal**. São Paulo: Scipione, 2003.

FREIRE, P. **Pedagogia da esperança**: um reencontro com a pedagogia do oprimido. 12. ed. Rio de Janeiro: Paz e Terra, 2005.

FRIEDMANN, G. **The Anatomy of Work**. London: Heinemann, 1961.

FRIEDMANN, G. **O trabalho em migalhas**: especialização e lazeres. São Paulo: Perspectiva, 1972.

GADAMER, H.-G. **Verdade e método**: traços fundamentais de uma hermenêutica filosófica. 3. ed. Petrópolis: Vozes, 1997.

GALEFFI, R. **A filosofia de Immanuel Kant**. Brasilia: Ed. da UnB, 1986.

GEERTZ, C. **A interpretação das culturas**. Rio de Janeiro: LTC, 1989.

GIDDENS, A. **A constituição da sociedade**. São Paulo: M. Fontes, 1989.

GIDDENS, A. **As consequências da modernidade**. São Paulo: Ed. da Unesp, 1991.

GOMES, C. L. **Lazer, trabalho e educação**: relações históricas, questões contemporâneas. 2. ed. rev. e ampl. Belo Horizonte: Ed. da UFMG, 2008.

GOMES, C.; PINHEIRO, M.; LACERDA, L. **Lazer, turismo e inclusão social**: intervenção com idosos. Belo Horizonte: Ed. da UFMG, 2010.

GOMES, C. L. Compreensões de lazer/ócio na América Latina: Uma análise conceitual. **Licere**, Belo Horizonte, v. 16, n. 4, p. 1-27, 2013.

GOMES, C. L. Lazer: necessidade humana e dimensão da cultura. **Revista Brasileira de Estudos do Lazer**, Belo Horizonte, v. 1, n. 1, p. 3-20, jan./abr. 2014.

GONÇALVES, R. A empresa transnacional. In: KUPFER, D.; HASENCLEVER, L. (Org.). **Economia industrial**: fundamentos teóricos e práticos no Brasil. Rio de Janeiro: Elsevier, 2002. p. 389-411.

GORDON, M. M. **Assimilation in American Life**: the Role of Race, Religion, and National Origins. Oxford: Oxford University Press, 1964.

GUEDES, B. **Contos da lua vaga**. São Bernardo do Campo: EMI-Odeon, 1981. 1 LP.

GUIDI, M. L. M. Elementos de análise dos estudos de comunidade realizados no Brasil e publicados de 1945 a 1960. **Educação e Ciências Sociais**, Rio de Janeiro, v. 10, n. 19, p. 45-87, 1962.

HEGEL, G. W. F. **Fenomenologia do espírito**. 5. ed. Petrópolis: Vozes, 2008.

HEGEL, G. W. F. **Enciclopédia das ciências filosóficas em compêndio**. 2. ed. São Paulo: Loyola, 2011. v. III: A filosofia do espírito.

HEISENBERG, W. **Física e filosofia**. Brasília: UnB, 1999.

HUDSON, S. et al. The Influence of Ethnicity and Self-construal on Leisure Constraints. **Leisure Sciences**, Abingdon, v. 35, n. 2, p. 145-166, 2013.

HUIZINGA, J. **Homo Ludens**: o jogo como elemento da cultura. São Paulo: Perspectiva, 2004.

HUIZINGA, J. **Homo Ludens**: o jogo como elemento da cultura. 4. ed. São Paulo: Perspectiva, 2000.

HUMAN. Direção: Yann Arthus-Bertrand. Paris: Goodplanet Foudation, 2015. 83 min. Disponível em: <https://youtube.com/watch?v=vdb4XGVTHkE>. Acesso em: 18 ago. 2020.

INGOLD, T. **Being Alive**. London: Routledge, 2011.

INGOLD, T. Beyond Art and Technology: the Anthropology of Skill. In: SCHIFFER, M. B. **Anthropologycal Perspectives on Technology**. Albuquerque: Amerind Foundation New World Studies Series; University of New Mexico Press, 2001. p. 17-31.

INGOLD, T. **Key Debates in Anthropology, 1988-1993**. London: Routledge, 1996.

INGOLD, T. **The Perception of the Environment**: Essays on Livelihood, Dwelling and Skill. London: Routledge, 2000.

ISO-AHOLA, S. **Social Psychology of Leisure and Recreation**. New York: Wm. C. Brown Company Publishers, 1980.

KANT, I. **Crítica da razão pura**. Lisboa: Fundação Calouste Gulbenkian, 2001.

KEHL, M. R. As máquinas falantes. In: NOVAES, A. **O homem-máquina**: a ciência manipula o corpo. São Paulo: Companhia das Letras. 2003, p. 243-260.

KERR, C. et al. **Industrialism and Industrial Man**. Harmondsworth: Penguin, 1973.

KISHIMOTO, T. M. **O brincar e suas teorias**. São Paulo: Pioneira, 1998.

KISHIMOTO, T. M. **O jogo e a educação infantil**. 3. ed. São Paulo: Pioneira, 1994.

KISHIMOTO, T. M. **O jogo, brinquedo, brincadeira e a educação**. 8. ed. São Paulo: Cortez, 2005.

KOCH, A. F. Espaço e tempo em Kant e Hegel. **Revista Eletrônica Estudos Hegelianos**, ano 6, n. 11, p. 57-73, dez. 2009.

KOHAN, W. O. Infância e educação em Platão. **Educação e Pesquisa**, São Paulo, v. 29, n. 1, p. 11-26, jan./jun. 2003. Disponível em: <http://www.scielo.br/pdf/ep/v29n1/a02v29n1.pdf>. Acesso em: 17 ago. 2020.

KUHLMANN JR., M. **Infância e educação infantil**: uma abordagem histórica. Porto Alegre: Mediação, 2004.

LAFARGUE, P. **O direito à preguiça**. São Paulo: Hucitec, 1999.

LAGES, C. E. D. M.; SILVA, S. R. Futebol e lazer: diálogos e aproximações. **Licere**, Belo Horizonte, v. 15, n. 1, p. 1-13, mar. 2012.

LARAIA, R. de B. **Cultura**: um conceito antropológico. Rio de Janeiro: J. Zahar, 1986.

LAVE, J. Epilogue: Situated Learning and Changing Practice. In: AMIN, A.; ROBERTS, J. **Community, Economic Creativity, and Organization**. Oxford: Oxford University Press, 2008. p. 283-296.

LAVE, J. Teaching, as Learning, in Practice. **Mind, Culture and Activity**, v. 3, n. 3, p. 149-164, 1996.

LAVE, J.; WENGER, E. **Situated Learning**: Legitimate Peripheral Participation. Cambridge: Cambridge University Press, 1991.

LEFF, E. Los derechos del ser colectivo y la reapropiación social de la naturaleza: a guisa de prólogo. In: LEFF, E. (Coord.). **Justicia ambiental**: construcción y defensa de los nuevos derechos ambientales culturales y colectivos en América Latina. México: Programa de las Naciones Unidas para el Medio Ambiente, 2001. p. 7-34.

LEIBNIZ, G. W. **Monadologia**. Tradução de Carlos Lopes Mattos et al. Coleção Os Pensadores. São Paulo: Abril Cultural, 1979.

LÉVINAS. E. **Ética e Infinito**: diálogos com Philippe Nemo. Tradução de João Gama. Lisboa: Edições 70, 1982.

LINS, R. C. O modelo dos campos semânticos: estabelecimentos e notas de teorizações O modelo dos campos semânticos: estabelecimentos e notas de teorizações. In: ANGELO, C. L. et al. (Org.). **Modelo dos campos semânticos e educação matemática**: 20 anos de história. São Paulo: Midiograf, 2012. p. 10-20.

LOGAREZZI, A. Educação ambiental em resíduo: uma proposta de terminologia. In: CINQUETTI, H. C. S.; LOGAREZZI, A. **Consumo e resíduo**: fundamentos para o trabalho educativo. São Carlos: EdUFSCar, 2007. p. 85-118.

LONG, J. Research Positions, Postures and Practices in Leisure Studies. In: BLACKSHAW, T. (Org.). **Routledge Handbook of Leisure Studies**. Abingdon: Routledge, 2013. p. 82-96.

LUCKESI, C. Ludicidade e formação do educador. **Revista Entreideias**, v. 3, n. 2, p. 13-23, jul./dez. 2014.

MACEDO, L. de (Org.). **Jogos, psicologia e educação**: teoria e pesquisas. São Paulo: Casa do Psicólogo, 2009.

MAFFESOLI, M. **A ordem das coisas**: pensar a pós-modernidade. Rio de Janeiro: Forense, 2016.

MAFFESOLI, M. **No fundo das aparências**. 4. ed. Petrópolis: Vozes, 2010.

MAFFESOLI, M. **O tempo das tribos**: o declínio do individualismo nas sociedades de massa. 5. ed. Rio de Janeiro: Forense, 2014.

MAGNANI, J. G. C. **Festa no pedaço**: cultura popular e lazer na cidade. 3. ed. São Paulo: Hucitec; Ed. da Unesp, 2003.

MAGNANI, J. G. C. **Festa no pedaço**: cultura popular e lazer na cidade. 2. ed. São Paulo: Ed. da Unesp, 1998.

MAGNANI, J. G. C. Lazer, um campo interdisciplinar de pesquisa. In: BRUHNS, H. T.; GUTIERREZ, G. L. (Org.). **O corpo e o lúdico**. Campinas: Autores Associados, 2000. p. 19-33.

MAGNANI, J. G. C. Lazer dos trabalhadores. **Revista São Paulo em Perspectiva**, São Paulo, v. 2, n. 3, p. 37-39, jul./set. 1988.

MARCELLINO, N. C. **Estudos do lazer**: uma introdução. Campinas: Autores Associados, 1996.

MARCELLINO, N. C. **Lazer e cultura**. Campinas: Alínea, 2007.

MARCELLINO, N. C. **Lazer e educação**. 6. ed. Campinas: Papirus, 2000.

MARCELLINO, N. **Lazer e humanização**. São Paulo: Papirus, 1983.

MARINHO, A. Introdução aos estudos das atividades de aventura: características, concepções e conceitos. In: BERNARDES, L. A. (Org.). **Atividades e esportes de aventura para profissionais de Educação Física**. São Paulo: Phorte, 2013. p. 25-38.

MARINHO, A. Lazer, meio ambiente e turismo: reflexões sobre a busca pela aventura. **Licere**, Belo Horizonte, v. 10, n. 1, p. 1-20, abr. 2007. Disponível em: <https://periodicos.ufmg.br/index.php/licere/article/view/941>. Acesso em: 18 ago. 2020.

MARINHO, A. Lazer, natureza e aventura: compartilhando emoções e compromissos. **Revista Brasileira de Ciências do Esporte**, Porto Alegre. v. 22, n. 2, p. 143-153, jan. 2001. Disponível em: <http://revista.cbce.org.br/index.php/RBCE/article/view/418/343>. Acesso em: 18 ago. 2020.

MARINHO, A.; BRUHNS, H. T. **Viagens, lazer e esporte**: o espaço na natureza. Barueri: Manole, 2005.

MARX, K. **Grundrisse**. São Paulo: Boitempo, 2011.

MASSA, M. de S. Ludicidade: da etimologia da palavra à complexidade do conceito. **Aprender**: Caderno de Filosofia e Psicologia da Educação, ano 9, n. 15, p. 111-130, 2015.

MASSEY, D. **For Space**. London: Sage, 2005.

MATURANA, H.; VARELA, F. J. **A árvore do conhecimento**: as bases biológicas da compreensão humana. Tradução de Humberto Mariotti e Lia Diskin. 5. ed. São Paulo: Palas Athena, 2005.

MATURANA, H.; VARELA, F. **A árvore do conhecimento**. Campinas: Psy, 1995.

MCKIRAHAN JUNIOR , R. D. **Principles and Proofs**. Aristotle's Theory of Demonstrative Science. Princeton: Princeton University Press, 2017.

MEIRA, A. M. Benjamin, os brinquedos e a infância contemporânea. **Psicologia & Sociedade**, v. 15, n. 2, p. 74- 87, 2003.

MEJÍA, M. R. Posfácio: La educación popular – una construcción colectiva desde el sur y desde abajo. In: STRECK, D. R.; ESTEBAN, M. T. (Org.). **Educação popular**: lugar de construção social e coletiva. Petrópolis: Vozes, 2013. p. 369-398.

MELO, V. A. A animação cultural, os estudos do lazer e os estudos culturais. **Revista Brasileira de Ciências do Esporte**, Belo Horizonte, v. 7, n. 2, p. 76-90, 2005a.

MELO, V. A. A animação cultural, os estudos do lazer e os estudos culturais. **Revista Brasileira de Ciências do Esporte**, Belo Horizonte, v. 7, n. 2, p. 76-90, 2005b.

MELO, V. A. **A animação cultural**. Campinas: Papirus, 2006.

MELO, V. A. Conteúdos culturais. In: GOMES, C. L. (Org.). **Dicionário crítico do lazer**. Belo Horizonte: Autêntica, 2004. p. 51-54.

MERLEAU-PONTY, M. **Fenomenologia da percepção**. São Paulo: M. Fontes, 1999.

MILLS, C. W. **A nova classe média-white collar**. Rio de Janeiro: Zahar, 1969.

MORAES, M. C. M. de. O renovado conservadorismo da agenda pós-moderna. **Cadernos de Pesquisa**, São Paulo, v. 34, n. 122, p. 337-357, maio/ago., 2004.

MORIN, E. **Sete Saberes necessários à Educação do Futuro**. Brasília: Unesco, 2000.

MORIN, E. **Cultura de massas no século XX**. 8. ed. São Paulo: Forense, 1990. v. I: Neurose.

MUDADO, T. H. A brincadeira como educação da vontade: cumprir as regras é a fonte de satisfação. **Revista Virtual de Gestão de Iniciativas Sociais**, n. 8, p. 18-22, 2007.

MUNDURUKU, D. **Cultura indígena e suas contribuições para o desenvolvimento humano**. Sesc Bauru, 22 mar. 2013. Palestra.

MUNNÉ, F. **Psicosociología del tiempo libre**: un enfoque crítico. México City: Trillas, 1980.

MUNNÉ, F.; CODINA, N. Leisure and Free Time: Some Questions from a Social, Psychology Perspective. **Licere**, Belo Horizonte, v. 5, n. 1, p. 59-72, 2002.

MYSKIW, M. **Nas controvérsias da várzea**: trajetórias e retratos etnográficos em um circuito de futebol da cidade de Porto Alegre. 415 f. Tese (Doutorado em Ciências do Movimento Humano) – Universidade Federal do Rio Grande do Sul, 2012.

MYSKIW, M.; STIGGER, M. P. O lazer entre a conteudização e a compreensão: olhares das subáreas da educação física. In: STIGGER, M. P. (Org.). **Educação Física + Humanas**. Campinas: Autores Associados. 2015, p. 155-180.

NEVES, S. C. et al. Lazer e alteridade: buscando aproximações com o campo antropológico. In: CONBRACE, 19.; CONICE, 6., 2015, Vitória.

NEWMAN, D. B.; TAY, L.; DIENER, E. Leisure and Subjective Well-being: a Model of Psychological Mechanisms as Mediating Factors. **Journal of Happiness Studies**, Cham, v. 15, n. 3, p. 555-578, 2014.

NEWTON, I., Sir. **Princípios matemáticos**. Tradução de Carlos Lopes Mattos et al. São Paulo: Abril Cultural, 1979. (Coleção Os Pensadores).

NIGRI, B.; DEBORTOLI, J. O samba no contexto do candomblé: festa, mito e sacralidade como experiências de lazer. **Licere**, Belo Horizonte, v. 18, n. 3, p. 1-30, set. 2015.

NUNES FILHO, N. **Eroticamente humano**. Piracicaba: Unimep, 1997.

OLIVEIRA, M. W. Pesquisa e trabalho profissional como espaços e processos de humanização e de comunhão criadora. **Cadernos CEDES**, v. 29, n. 79, p. 309-321, 2009.

ONU – Organização das Nações Unidas. **Convention on the Rights of the Child – Convenção sobre os Direitos da Criança**. 1989. Disponível em: <http://www.ohchr.org/en/professionalinterest/pages/crc.aspx>. Acesso em: 7 nov. 2019.

PARR, M. G. The Relationship Between Leisure Theory and Recreation Practice. **Leisure Sciences**, Abingdon, v. 18, n. 4, p. 315-332, 1996.

PEIXOTO, E. M. **Estudos do lazer no Brasil**: apropriação da obra de Marx e Engels. 362 f. Tese (Doutorado em Educação) – Universidade Estadual de Campinas, Campinas, 2007.

PERES, A. Animação, direitos humanos e participação. In: PERES, A.; LOPES, M. (Coord.). **Animação sociocultural**: novos desafios. Lisboa: Associação Portuguesa de Animação e Pedagogia, 2007. p. 15-25.

PEREZ, L. F. Antropologia das efervescências coletivas. In: PASSOS, M. (Org.). **A festa na vida**: significado e imagens. Petrópolis: Vozes, 2002. p. 15-58.

PIAGET, J. **O julgamento moral na criança**. São Paulo: Summus, 1994.

PIMENTEL, G. G. de A.; SAITO, C. F. Caracterização da demanda potencial por atividades de aventura. **Motriz**, Rio Claro, v. 16, n. 1, p. 152-161, jan./mar. 2010. Disponível em: <http://www.periodicos.rc.biblioteca.unesp.br/index.php/motriz/article/view/3404/2861>. Acesso em: 17 ago. 2020.

PIMENTEL, G. G. de A. Leituras pós-modernistas nos estudos do lazer. In: PIMENTEL, G. G. de A. (Org.). **Teorias do lazer**. Maringá: Eduem, 2010.

PINGUELLI-ROSA, L. A importância de uma política climática brasileira. **Parcerias Estratégicas**, n. 21, p. 179-197, dez. 2005.

PRIGOGINE, I. **O fim das certezas**: tempo, caos e as leis deterministas da natureza. São Paulo: Ed. da Unesp, 1996.

QUIJANO, A. "Bien vivir": entre el "desarrollo" y la des/ colonialidad del poder. **Ecuador Debate**, n. 84, p. 77-87, dic. 2011.

QUIJANO, A. **Colonialidade do poder, eurocentrismo e América Latina**. Buenos Aires: Clacso, 2005.

REQUIXA, R. Conceito de lazer. **Revista Brasileira de Educação Física e Desporto**, v. 1, n. 42, p. 11-21, 1979.

RIESMAN, D. **Abundance for What?** London: Chatto and Windus, 1964.

ROJEK, C. **Capitalism and Leisure Theory**. London: Tavistock, 1985.

ROJEK, C. Leisure Theory: Retrospect and Prospect. **Loisir et société/Society and Leisure**, Abingdon, v. 20, n. 2, p. 383- 400, 1997.

ROSE, J.; SPENCER, C. Immaterial Labour in Spaces of Leisure: Producing Biopolitical Subjectivities through Facebook. **Leisure Studies**, Abingdon, v. 35, n. 6, p. 809-826, 2016.

SAMDAHL, D. M. A Symbolic Interactionist Model of Leisure: Theory and Empirical Support. **Leisure Sciences**, Abingdon, v. 10, n. 1, p. 27-39, 1988.

SAMDAHL, D. M. Issues in the Measurement of Leisure: a Comparison of Theoretical and Connotative Meanings. **Leisure Sciences**, Abigdon, v. 13, n. 1, p. 33- 49, 1991.

SAMPAIO, T. M. V. Gênero e lazer: um binômio instigante. In: MARCELLINO, N. C.(Org.). **Lazer e sociedade**: múltiplas relações. Campinas: Alínea, 2008. p. 139-154. (Coleção Estudos do Lazer).

SANTOS, B. de S. **A crítica da razão indolente**: contra o desperdício da experiência. 3. ed. São Paulo: Cortez, 2005.

SANTOS, P. M. dos. **Lazer e grupos de convivência para idosos**: um estudo sobre a participação de homens em Florianópolis (SC). 214 f. Dissertação (Mestrado em Educação Física) – Universidade Federal de Santa Catarina, Florianópolis, 2015.

SANTOS, P. M. dos; MARINHO, A. Conteúdos culturais do lazer e participação em grupos de convivência para idosos de Florianópolis (SC). **Licere**, Belo Horizonte, v. 18, n. 4, dez. 2015

SARLO, B. **Cenas da vida pós-moderna**: intelectuais, arte e videocultura na Argentina. Rio de Janeiro: Ed. da UFRJ, 2000.

SCHWARTZ, G. M. O conteúdo virtual: contemporizando Dumazedier. **Licere**, Belo Horizonte, v. 2, n. 6, p. 23-31, 2003.

SCHWARTZ, G. M. et al. **Educando para o lazer**. Curitiba: CRV, 2016.

SEGATO, R. L. Antropologia e direitos humanos: alteridade e ética no movimento de expansão dos direitos universais. **Mana**, v. 12, n. 1, p. 207-236, 2006.

SHUSTERMAN, R. **Vivendo a arte**: o pensamento pragmatista e a estética popular. São Paulo: Ed. 34, 1998.

SILVA, D. S.; BORGES, C. N. F.; AMARAL, S. C. F. Gestão das políticas públicas do Ministério do Esporte do Brasil. **Revista Brasileira de Educação Física e Esporte**, São Paulo, v. 29, n. 1, p. 65-79, mar. 2015.

SILVA, T. F. **O futebol no interior de Minas Gerais**: os significados do torcer pelo Esporte Clube Democrata. 94 f. Dissertação (Mestrado em Estudos do Lazer) – Universidade Federal de Minas Gerais, Belo Horizonte, 2011.

SILVEIRA, R. **Esporte, homossexualidade e amizade**: estudo etnográfico sobre o associativismo no futsal feminino. 156 f. Dissertação (Mestrado em Ciências do Movimento Humano) – Universidade Federal do Rio Grande do Sul, Porto Alegre, 2008.

SIMONDON, G. **La individuación a la luz de las nociones de forma y de información**. Buenos Aires: Cactus, 2015.

SIRGY, M. J.; UYSAL, M.; KRUGER, S. Towards a Benefits Theory of Leisure Well-being. **Applied Research in Quality of Life**, Cham, v. 12, n. 1, p. 205-228, 2017.

SKLAR, L. **Philosophy of Physics**. Boulder: Westview Press, 1992.

SOARES, C. L. **Educação física**: raízes europeias e Brasil. Campinas: Autores Associados, 1994.

SOUZA NETO, G. J. **A invenção do torcer em Bello Horizonte**: da assistência ao pertencimento clubístico (1904-1930). 130 f. Dissertação (Mestrado em Estudos do Lazer) – Universidade Federal de Minas Gerais, Belo Horizonte, 2010.

SPINELLI, M. **Filósofos pré-socráticos**: primeiros mestres da filosofia e da ciência grega. 2. ed. Porto Alegre: EDIPUCRS, 2003.

SPRACKLEN, K. et al. (Org.). **The Palgrave Handbook of Leisure Theory**. London: Palgrave Macmillan, 2017.

STEBBINS, R. **Amateurs, Professionals and Serious Leisure**. Montreal: McGill University Press, 1992.

STIGGER, M. P. **Desporto, lazer e estilos de vida**: uma análise cultural a partir de práticas desportivas realizadas nos espaços públicos da cidade do Porto. 321 f. Tese (Doutorado em Ciências do Desporto) – Universidade do Porto, Porto, 2000.

STIGGER, M. P. Futebol de veteranos: um estudo etnográfico sobre o esporte no cotidiano urbano. **Movimento**, Porto Alegre, v. 4, n. 7, p. 52-66, 1997.

STIGGER, M. P.; MYSKIW, M.; SILVEIRA, R. Estudos no lazer e contribuições do Grupo de Estudos Socioculturais em Educação Física (GESEF-UFRGS) In: UVINHA, R. **Lazer no Brasil**: grupos de pesquisa e associações temáticas. São Paulo: Sesc, 2018. p. 240-257.

TASCHNER, G. B. Lazer, cultura e consumo. **Revista de Administração de Empresas**, São Paulo, v. 40, n. 4, p. 38- 47, 2000.

THOMASSIM, L. E. C. Imagens da participação das crianças da periferia em projetos sociais esportivos. In: STIGGER, M. P.; GONZALEZ, F. J.; MARTINS, R. S. (Org.). **Esporte na cidade**: estudos etnográficos sobre sociabilidades esportivas em espaços urbanos. Porto Alegre: Ed. da UFRGS, 2007. p. 97-115.

TODOROV, T. **O homem desenraizado**. Rio de Janeiro: Record, 1999.

TRIGO, L. G. G. **A viagem como experiência significativa**. São Paulo: Senac, 2010.

TURINO, C. **Na trilha de Macunaíma**: ócio e trabalho na cidade. São Paulo: Senac; Sesc, 2005.

TURNER, V. W. **O processo ritual**: estrutura e anti-estrutura. Petrópolis: Vozes, 1974.

UN – United Nations. **United Nations Conference on Environment & Development**. Rio de Janeiro, 1992. Disponível em: <https://sustainabledevelopment.un.org/content/documents/Agenda21.pdf>. Acesso em: 17 ago. 2020.

UVINHA, R. R. Educação física: formação acadêmica e intervenção profissional no lazer e recreação. **Motriz**, Rio Claro, v. 14, n. 4, suplem. 1, out./dez. 2008.

UVINHA, R. R. et al. Leisure Practices in Brazil: a National Survey on Education, Income, and Social Class. **World Leisure Journal**, v. 59, p. 294-305, 2017.

UVINHA, R. R.; STOPPA, E. A. Reflexões e perspectivas sobre o lazer no campo da educação física e esporte: o turismo como tópico emergente no século XXI. In: MOREIRA, W. W.; NISTA-PICCOLO, V. L. (Org.). **Educação física e esporte no século XXI**. Campinas: Papirus, 2016. p. 299-317.

VARELA, F. **Sobre a competência ética**. Lisboa: Edições 70, 1992.

VEBLEN, T. **The Theory of the Leisure Class**. London: Allen and Unwin, 1899.

VIEIRA, C. M. K. **As vivências dos torcedores de estádios periféricos diante do processo de modernização dos estádios brasileiros**. 146 f. Dissertação (Mestrado em Estudos do Lazer) – Universidade Federal de Minas Gerais, Belo Horizonte, 2016.

VISCARDI, A. A. da. et al. Participação de idosos em atividades de aventura na natureza: reflexões sobre aspectos socioambientais. **Motrivivência**, Florianópolis, v. 30, n. 53, p. 35-51, maio 2018.

VYGOTSKY, L. S. A brincadeira e o seu papel no desenvolvimento psíquico da criança. **Revista Virtual de Gestão de Iniciativas Sociais**, n. 8, p. 23-36, 2007.

VYGOTSKY, L. S. **Pensamento e linguagem**. São Paulo: M. Fontes, 1988.

WALKER, G. J., DENG, J.; DIESER, R. B. Culture, Self-construal, and Leisure Theory and Practice. **Journal of Leisure Research**, Abingdon, v. 37, n. 1, p. 77-99.

Sobre os autores

Alcyane Marinho
Graduada em Educação Física pela Universidade Estadual Paulista Júlio de Mesquita Filho (Unesp) e mestra e doutora em Educação Física, na área de estudos do lazer, pela Universidade Estadual de Campinas (Unicamp). Realizou estágio pós-doutoral no Centro de Desportos da Universidade Federal de Santa Catarina (UFSC). Atuou como professora adjunta da Universidade do Estado de Santa Catarina (Udesc), no Centro de Ciências da Saúde e do Esporte (Cefid) e professora permanente do Programa de Pós-graduação em Educação Física (mestrado e doutorado) do Centro de Desportos da UFSC, na área de concentração Teoria e Prática Pedagógica em Educação Física e na linha de pesquisa Teorias sobre o Corpo, Movimento Humano, Esportes e Lazer. Professora permanente do Programa de Pós-graduação em Ciências do Movimento Humano (mestrado) do Cefid/Udesc, na linha de pesquisa Atividade Física e Saúde. Líder do Laboratório de Pesquisa em Lazer e Atividade Física (Laplaf) do Cefid/Udesc. Sócia fundadora da Associação Brasileira de Pesquisa e Pós-graduação em Estudos do Lazer (Anpel).

Carlos Nazareno Ferreira Borges
Graduado em Educação Física pela Universidade do Estado do Pará (Uepa), em Ciências Sociais pela Universidade Federal do Espírito Santo (Ufes) e em Filosofia também pela Uepa. Mestre e doutor em Educação Física pela Universidade Gama Filho (UGF-RJ), tem pós-doutorado em Memória Social pela Universidade Federal do Estado do Rio de Janeiro (Unirio). Foi docente e coordenador do

curso de Educação Física na Uepa; docente na Universidade Federal de Viçosa (UFV); docente de graduação e na pós-graduação da Ufes e vice-diretor do Centro de Educação Física e Desportos dessa instituição. Atualmente, é docente de graduação, pós-graduação e diretor adjunto do Instituto de Ciências da Educação na UFPA. Tem experiência com diversos projetos de pesquisa, tendo como temas de estudo: educação física escolar, lazer, corpo, sociologia e antropologia do esporte, políticas públicas, memória, entre outros.

Conrado Marques da Silva de Checchi
Arte-Educador. Membro da Sociedade de Pesquisa Qualitativa em Motricidade Humana (SPQMH) e do Núcleo de Estudos de Fenomenologia em Educação Física (NEFEF/UFSCar). Coordenador Adjunto do projeto de extensão Vivências em Atividades Diversificadas de Lazer (VADL/UFSCar).

Dirceu Santos Silva
Professor da Universidade Federal do Mato Grosso do Sul (UFMS), vinculado ao curso de graduação em Educação Física, e pesquisador do programa de pós-graduação em Educação (mestrado e doutorado) (PPGEdu-UFMS). É graduado em Educação Física pela Universidade Estadual de Santa Cruz (Uesc), mestre em Educação Física pela Universidade Federal do Espírito Santo (Ufes) e doutor em Educação Física pela Universidade Estadual de Campinas (Unicamp), com estágio doutoral na University of Southampton. É coordenador pedagógico do Programa Segundo Tempo Universitário da UFMS. Foi perito parecerista da Lei de Incentivo ao Esporte e formador do Programa Esporte da Escola, vinculado ao Ministério do Esporte.

Elaine Prosdócimo
Graduada em Educação Física pela Universidade Estadual de Campinas (Unicamp), mestra em Educação Especial pela Universidade Federal de São Carlos (Ufscar) e doutora em Educação

Física pela Unicamp. Tem pós-doutorado em Psicologia da Educação pela Universidade de Murcia, na Espanha. Atualmente, é livre-docente da Faculdade de Educação Física da Unicamp e coordena os seguintes grupos de pesquisa: Grupo de Estudos e Pesquisas sobre Violências (Gepevs) e Grupo de estudos e Pesquisas sobre Educação Física Escolar (EscolaR). Participa do Grupo de Estudos e Pesquisa sobre Escolas de Tempo Integral (ETI) e é secretaria estadual do Colégio Brasileiro de Ciências do Esporte (CBCE-SP). Atua no Programa Institucional de Bolsas de Iniciação à Docência (Pibid) desde 2009. É pesquisadora das áreas da violência e lúdico no contexto escolar.

Fábio Ricardo Mizuno Lemos
Professor do Instituto Federal de São Paulo (IFSP). Presidente da Sociedade de Pesquisa Qualitativa em Motricidade Humana (SPQMH). Membro do Núcleo de Estudos de Fenomenologia em Educação Física (Nefef/UFSCar). Coordenador do Núcleo de Investigações Progressistas em Educação (Ninped/IFSP).

Gisele Maria Schwartz
Licenciada em Educação Física pela Universidade de São Paulo (USP), mestra em Educação Física pela Universidade Estadual de Campinas, doutora em Psicologia Escolar e do Desenvolvimento Humano pela Universidade de São Paulo e livre-docente em Atividades Expressivas pela Universidade Estadual Paulista. Tem pós-doutorado pela Université du Québec à Trois-Rivières – Canadá. Visiting Fellow na University of Birmingham-Reino Unido (2013), Estágio Senior/Capes da Universidade de Lisboa – Portugal. Professora adjunta na Universidade Estadual Paulista Júlio de Mesquita Filho, com atuação no Programa de Pós-graduação em Ciências da Motricidade e no Programa de Pós-graduação em Desenvolvimento Humano e Tecnologias, atuando, principalmente, com os seguintes temas: psicologia do lazer, atividades

de aventura, ambiente virtual, *e-tourism*, eSports, educação física, atitude e conduta lúdicas, gestão do esporte, gestão da informação sobre lazer. Coordenadora do Laboratório de Estudos do Lazer.

Giselle Helena Tavares

Professora adjunta da Faculdade de Educação Física e Fisioterapia, da Universidade Federal de Uberlândia (FAEFI-UFU). É graduada em Educação Física pela Universidade Federal de Uberlândia (UFU) e doutora em Ciências da Motricidade pela Universidade Estadual Paulista (Unesp). Tem pós-doutorado em Desenvolvimento Humano e Tecnologias pela Unesp. Vice-líder do Laboratório de Estudos do Lazer, é membro da Aliança Intercontinental de Gestão Desportiva e Gabinete de Gestão Desportiva da Universidade do Porto. Pesquisadora do Centro da Rede Cedes em Minas Gerais (Ministério do Esporte). É coordenadora geral do Atividades Físicas e Recreativas para Terceira Idade. Tem experiência na área de educação física, atuando principalmente nos seguintes temas: gestão do esporte, saúde e lazer e promoção da saúde.

Giuliano Pimentel

Bacharel e licenciado em Educação Física pela Universidade Federal de Viçosa (UFV) e mestre e doutor em Educação Física pela Universidade de Campinas (Unicamp). Professor visitante na Universidade de Antioquia, tem pós-doutorado em Turismo e Cultura pela Universidade de Coimbra e em Estudos Socioculturais da Educação Física pela Universidade Federal do Rio Grande do Sul (UFRGS). Fez estágio sênior pela Universidade de Munster. Atualmente, é professor-associado da Universidade Estadual de Maringá, nos cursos de da graduação, mestrado e doutorado em Educação Física. Líder do Grupo de Estudos do Lazer, onde desenvolve pesquisas, ensino e extensão ligadas às temáticas da educação do lazer, atividades de aventura, lazer desviante, recreação, e políticas/atuação profissional junto a crianças, idosos, quilombolas, indígenas, doentes crônicos, entre outros.

Íris Letícia da Silva

Graduanda em Educação Física pelo Centro de Ciências da Saúde e do Esporte (Cedif) da Universidade do Estado de Santa Catarina (Udesc).

Joel Ferreira Saraiva

Professor adjunto da Universidade Federal de Mato Grosso do Sul (UFMS). É doutor em Saúde e Sociedade (UFMS); mestre em Ciências da Saúde pela Universidade de Brasília (UnB); especialista em Saúde Pública pela Fundação Osvaldo Cruz (Fiocruz), em Educação na Saúde pelo Instituto Sírio Libanês de Ensino e Pesquisa (IEP/HSL), em Motricidade Humana (UFMS) e em Voleibol pela Universidade Norte do Paraná (Unopar); e graduado em Educação Física pela UFMS. Tem experiência com ensino na educação básica, na educação superior, na pós-graduação (*lato sensu* e *stricto sensu*), em projetos de extensão e projetos de pesquisa nas áreas de educação física e saúde pública

José Alfredo Oliveira Debortoli

Professor na Escola de Educação Física, Fisioterapia e Terapia Ocupacional da Universidade Federal de Minas Gerais (UFMG) e nos programas de pós-graduação interdisciplinar em Estudos do Lazer e do Mestrado Profissional da Faculdade de Educação (Promestre), ambos da UFMG. Doutor em Educação pela Pontifícia Universidade Católica do Rio de Janeiro (PUC-Rio), tem pós doutorado em Antropologia Social pela Universidade de Brasília (UnB). Participa da Coordenação do Núcleo de Estudos sobre Aprendizagem na Prática Social (NAPrática). Tem dedicado estudos sobre a relação entre educação e cultura, com atenção especial às experiências de infância e suas aprendizagens culturais.

Junior Vagner Pereira da Silva
Professor adjunto da Universidade Federal de Mato Grosso do Sul (UFMS), com atuação nos cursos de Educação Física e Mestrado Interdisciplinar em Saúde e Desenvolvimento do Centro Oeste. Na UFMS, exerce as funções de chefe da Coordenadoria de Cultura e Esporte. Tutor do Programa de Educação Tutorial e Coordenador do Centro de Centro de Desenvolvimento de Pesquisa em Políticas de Esporte e de Lazer da Rede Cedes no Mato Grosso do Sul. Exerce a função de editor-chefe da Revista Brasileira de Ciência e Movimento e presidente da Associação Brasileira de Pesquisa e Pós-graduação em Estudos do Lazer (2018-2020). Desenvolve estudos relacionados às políticas públicas de esporte e lazer, às políticas de promoção à saúde e às políticas de esporte/lazer e inclusão.

Luiz Gonçalves Junior
Professor titular do Departamento de Educação Física e Motricidade Humana e do Programa de Pós-Graduação em Educação (DEFMH-PPGE/UFSCar). Vice-presidente da Sociedade de Pesquisa Qualitativa em Motricidade Humana (SPQMH). Coordenador do Núcleo de Estudos de Fenomenologia em Educação Física (Nefef/UFSCar) e da Cátedra Joel Martins.

Mauro Myskiw
Graduado em Educação Física pela Universidade Estadual do Oeste do Paraná, mestre em Ciência do Movimento Humano e em Administração pela Universidade Federal de Santa Maria e doutor em Ciências do Movimento Humano pela Universidade Federal do Rio Grande do Sul (UFRGS). Professor adjunto da UFRGS, professor do Programa de Pós-Graduação em Ciências do Movimento Humano (PPGCMH/UFRGS). Coordenador do Grupo de Estudos

Socioculturais em Educação Física (Gesef/UFRGS). Desenvolve estudos nas áreas de gestão e políticas públicas de esporte e de lazer.

Priscila Mari dos Santos Correia
Doutoranda em Educação Física pelo programa de pós-graduação em Educação Física (PPGEF) da Universidade Federal de Santa Catarina (UFSC), mestra em Educação Física pela UFSC e bacharel em Educação Física pela Universidade do Estado de Santa Catarina (Udesc). É integrante do Laboratório de Pesquisa em Lazer e Atividade Física (Laplaf) da Udesc, desenvolvendo atividades de pesquisa (linha lazer, atividade física e promoção da saúde), ensino e extensão vinculadas a esse laboratório, especialmente com foco nos temas lazer, envelhecimento, saúde, meio ambiente e qualidade de vida. Também é integrante do Núcleo de Pesquisa em Pedagogia do Esporte (NUPPE) do CDS/UFSC, desenvolvendo atividades de pesquisa atreladas à linha Teorias sobre o Corpo, Movimento Humano, Esportes e Lazer. É profissional de Educação Física efetiva da Prefeitura Municipal de São José (SC), desenvolvendo atividades no Centro de Atenção à Terceira Idade (CATI). Foi tutora EaD da 7ª. Edição do Curso de Aperfeiçoamento em Implementação da Política Nacional de Promoção da Saúde: Programa Academia da Saúde, oferecido pelo Ministério da Saúde em parceria com a UFSC, em 2017.

Ricardo Ricci Uvinha
Graduado em Educação Física, mestre em Estudos do Lazer (Unicamp) e doutor em Turismo e Lazer (USP), tem pós-doutorado pela Griffith University (Australia) e é livre-docente pela Universidade de São Paulo. Professor e orientador da graduação e da pós-graduação em Lazer e Turismo da USP e líder do Grupo Interdisciplinar em Estudos do Lazer GIEL/USP. Atuou como Diretor da Organização Mundial de Lazer (gestão 2007-2016) e Presidente da Associação Brasileira de Pesquisa e Pós-graduação

em Estudos do Lazer – ANPEL (gestão 2014-2016). Pesquisador da Rede Cedes/Ministério do Esporte e *Distinguished Scholar* da World Leisure Academy, atuou como Presidente da Comissão Científica do Congresso Mundial de Lazer.

Roselene Crepaldi
Graduada em Pedagogia pela Universidade São Judas Tadeu e mestra e doutora em Educação pela Faculdade de Educação da Universidade de São Paulo. Atualmente, é professora doutora contratada na Universidade de São Paulo, na área de lazer e turismo, e membro dos grupos de pesquisa: Grupo Interdisciplinar de Estudos do Lazer (Giel), Rede Nacional Primeira Infância (GT Brincar e GT Participação Infantil) e membro do conselho consultivo da Aliança pela Infância. Foi pedagoga efetiva da Prefeitura do Município de São Paulo e gerente de Programas e Projetos no Ministério da Cultura. Possui experiência na área de educação, atuando como docente nos cursos de pós-graduação da Universidade Anhembi Morumbi, FMU e da Faculdade Paschoal Dantas. É pesquisadora, consultora e possui publicações nas áreas educação e educação infantil, formação de profissionais, políticas públicas para infância, brincar, lazer e recreação.

Silvio Ricardo Da Silva
Licenciado em Educação Física pela Universidade Gama Filho, mestre em Ciência do Movimento Humano pela Universidade de Santa Maria, doutor em Educação Física pela Universidade Estadual de Campinas. Tem pós-doutorado pela Universidade de Valência
   Professor titular da Escola de Educação Física, Fisioterapia e Terapia Ocupacional da Universidade Federal de Minas Gerais (UFMG). É coordenador do Grupo de Estudos sobre Futebol e Torcidas (Gefut).

Tânia Mara Vieira Sampaio
Tem pós-doutorado em Estudos do Lazer pela Universidade Federal de Minas Gerais (UFMG). Doutora e mestra em Ciências da Religião pela Universidade Metodista de São Paulo (Umesp) e graduada em Pedagogia pela Universidade Metodista de Piracicaba (Unimep) e em Teologia pela Umesp. Atualmente, é docente no Instituto Federal de Goiás (IFG), *campus* Luziânia – GO, com atuação nos programas de pós-graduação *stricto sensu* em Educação Física Unimep e na Universidade Católica de Brasília, nas quais orientou mais de trinta trabalhos entre dissertações de mestrado e teses de doutorado. A pesquisa tem se concentrado na área dos estudos do lazer na perspectiva de identificar os processos emancipatórios que podem advir desse lócus em uma abordagem que busca a intersecção das categorias gênero, etnia, raça e classe, buscando a inclusão de toda a diversidade que marca a corporeidade humana.

Os papéis utilizados neste livro, certificados por instituições ambientais competentes, são recicláveis, provenientes de fontes renováveis e, portanto, um meio **respons**ável e natural de informação e conhecimento.

FSC
www.fsc.org
MISTO
Papel produzido a partir de fontes responsáveis
FSC® C103535

Impressão: Reproset
Dezembro/2020